시아 이슬람

차례

들어가며

　오랜 이슬람 역사 속에서 시아파(Shia) 무슬림은 소외와 핍박의 대상이었다. 세계사에서도 이슬람 하면 자연스럽게 수니파(Sunni) 이슬람을 지칭하는 말이 되어왔다. 수니파의 중심지인 사우디아라비아, 이집트, 이라크, 터키 역시 이슬람 사회의 대표적 국가로서 역할을 해왔다.

　그런데 20세기 후반부터 세계의 많은 사람들이 시아파 이슬람에 서서히 관심을 갖기 시작했다. 기분 좋은 관심이 아니라 두려움과 공포에서 시작된 것이었다. 대표적인 사건이 1979년 이란에서 일어난 이슬람 혁명이다. 친미(親美)·친서구였던 팔레비 왕정 국가를 시아파 이슬람 성직자들이 다스리는 신정(神政)일치 국가로 일순간에 바꾼 이란 혁명은 전 세계의 관심을 시아파로 끌기에 충분했다. 혁명 직후 '혁명의 아버지'로 불리는 아야톨라 호메이니(Ayatollah Khomeini)는 시아 이슬람의 혁명정신 수출을 천명했다. 근본주의 이란 시아파 성직자들이 수출한 혁명정신으로 만들어진 레바논 무장단체 헤즈볼라('신의 당'이라는 의미)의 테러와 이란 혁명으로 자극을 받아 중동 각지에서 일어난 시아파 무슬림의 과격한 저항운동은 시아파가 폭력적이고 근본주의적이라는 생각을 전 세계에 심어주었다. 물론 시아파 무슬림 중에 일부 과격하고 근본주의적인 그룹도 있지만, 다양한 스펙트럼을 가진 시아파와 오랫동안 묵묵히 핍박을 견디어온 시아파의 역사를 올바로 연구하지 못한 데서 생긴 오해이다. 오랫동안 이슬람 연구가 진행되어왔다고 자부하는 유럽 학계에서도 수니파에 대한 연구에 비해 시아파 연구는 상당히 미비하다.

시아 이슬람은 중동을 포함하여 세계적으로 가장 중요한 화두 중 하나이다. 시아 이슬람을 이해하지 않고 중동에서 발생하는 오늘날의 갈등을 올바로 이해하기 어렵다.

2011년부터 이어지는 시리아 내전의 배후에는 시아파와 수니파의 갈등이 존재한다. 시아파 국가의 형님 격인 이란과 이란 정부를 추종하는 헤즈볼라가 시아파에서는 이단으로 취급받기도 하지만 시아파에서 파생된 소수 분파인 알라위파를 신봉하는 아사드 정권을 적극적으로 지원하고 있다. 시아파 무슬림이 다수를 차지하는 이라크도 암묵적으로 이란에 동조하고 있다. 반면 이란과 시아파의 세력 확장을 경계하는 사우디아라비아를 중심으로 걸프 연안의 아랍 국가들과 이집트, 터키 같은 전통적 수니파 국가들이 시리아 내의 수니파 반군을 지원하고 있다.

레바논의 시아파 무장단체인 헤즈볼라는 호메이니에 의해 만들어졌다. 이들은 이란의 지원을 받는 시아파 무슬림들로 2000년 이스라엘이 철수한 남부 레바논을 차지하고 2006년 이스라엘과 전쟁을 벌이기도 했다. 지금은 레바논군보다더 큰 화력을 보유하고 있으며 다수의 의석을 차지하고 있는 정당으로 이스라엘의 최대 위협세력 중 하나이다. 시아파이란의 지원을 받고 있는 팔레스타인 가자지구의 하마스와함께 이스라엘-팔레스타인 갈등의 주요 행위자이다.

이라크의 경우 미국의 대(對)이라크 전쟁 이후 60퍼센트에 달하는 시아파 인구로 인해 수니파 사담 후세인 정권 붕괴 후 치러진 선거를 통해 시아파 중심의 정권이 만들어졌다. 시아파와 수니파, 쿠르드족이 연합한 정권이지만 예전에비해 기득권을 잃은 수니파와 시아파의 세력 확장을 우려하는 수니 국가들의 막후 개입으로 종파 간 갈등이 지속되고 있다. 2014년 수니파 무장단체인 IS(이슬람 국가Islamic State)가 모술을 중심으로 이라크 북부 지역을 장악하고 이슬람 국가를 선포하면서 갈등이 심화되고 있다.

예멘의 경우도 2011년 '아랍의 봄'으로 세워진 정권에 반대하는 시아파 후티(Houthis) 반군이 반란을 일으키면서 시아파 반군과 배후로 추정되는 시아파 이란, 수니파 정부군과 그 배후의 수니파 사우디아라비아의 다툼으로 내전이 확대되고 있는 모양새이다.

시아파 종주국인 이란은 중동에서 점차 영향력을 확대하고 있다. 이를 경계하는 수니파 종주국 사우디아라비아가 사사건건 이란을 견제하고 있다. 2016년 1월 2일 사우디아라비아 정부는 반정부 테러범 47명을 처형했다. 그중에는 사우디아라비아 내 저명한 시아파 성직자 네 명이 포함되어 있었다. 이 중에 셰이크 니므르 바크르 알 니므르(Sheikh Nimr Bakr al-Nimr)라는 성직자도 있었다. 그는 시아파 종주국 이란과 이라크에서 수학한 사우디 출신 유력 시아파 성직자로 수니파 사우디 정부 입장에서는 반정부 분리주의운동 리더였고, 시아파 이란의 입장에서는 사우디 왕실의 부당성을 알리는 평화주의 종교운동가였다. 처형 소식이 전해진 당일 흥분한 시아파 이란 무슬림들은 테헤란 주재 사우디 대사관과 마샤드 주재 사우디 영사관을 습격하여 불을 지르고 국기를 탈취하는 등 격렬하게 항의했다. 사우디는 이 사건을 빌미로 다음 날 즉각 단교를 선언했다. 사우디 우방국인 수니파 수단, 바레인, 소말리아도 이란과 즉각적 단교를 선언했고 아랍 에미리트, 쿠웨이트, 카타르 등 일부 걸프 국가들은 이란 대사를 추방하고 외교관계를 격하시켜 사우디 결정에 힘을 실어주었다. 반면 시아파가 다수인 시리아, 레바논, 이라크, 바레인에서는 시아파 성직자를 처형한 사우디 정부를 규탄하는 시위가 열렸다. 중동이 순식간에 이란과 사우디를 중심으로 시아파와 수니파 두 갈래로 나뉘어졌다.

이란은 시아파 이슬람 사회에서 큰형의 위치로 대부분의 시아파 이슬람 국가에 영향력을 행사하고 있다. 고유가 시절 막대한 재정흑자를 시아파 이슬람 전파에 사용하던 이란은 1979년부터 지속적으로 혁명정신 수출과 함께 시아파의 확장에 앞장서고 있다. 시아파 선교의 기초가 되는 신학적·이론적 연구도 이란에 위치한 종교도시 콤(Qom)에서 활발히 진행하고 있다. 이란은 1501년 사파비(Safavid) 왕조가 시아파를 국교로 정하면서 본격적인 시아파 국가로 발전했다. 500년 넘게 시아파의 종주국 역할을 하고 있다.

이란을 이해하기 위한 가장 중요한 코드가 종교다. 페르시아, 즉 이란은 역사적으로 조로아스터교, 미트라교, 마니교 등 세계 문명사와 종교사에 큰 영향을 끼친 여러 종교를

태동시키고 발전시켰다. 그러나 현대 이란을 이해하기 위해
서는 고대 페르시아의 종교보다 현대를 지배하고 있는 시아
이슬람에 대한 연구가 필요하다. 쿠란(Quran: 이슬람의 경전)과
순나(Sunnah: 선지자의 전통) 중심의 수니파 이슬람과 다르게
영지주의적이고 신비적인 시아파 이슬람은 현재 이란 사람
들의 삶을 깊이 지배하고 있다.

  이란의 정치, 경제, 사회 시스템이 시아 이슬람이라는 종
교에 근간을 두고 있다. 시아파 최고 종교지도자가 국정을
운영하는 신정일치 정치 시스템은 숨은 이맘(Hidden Imam:
12번째 이맘) 교리에서 시아파 구원자 마흐디(Mahdi)의 대리
인으로 시아파 성직자인 이슬람 법률가가 세속정치를 담당
하는 시아파 종말론 교리에서 나온 정치이론으로 만들어진
시스템이다.

  몇몇 학자들은 시아파 이슬람 국가인 이란을 아시아, 중
동, 북아프리카를 잇는 수많은 수니파 국가들 사이에 떠 있
는 섬이라고 칭한다. 그만큼 시아파 무슬림들의 세력이 약
하고 고립되어 있다는 뜻이다. 그러나 이란을 중심으로 시
아파 무슬림들이 활동하고 있는 이라크, 아제르바이잔, 레바
논, 시리아, 아프가니스탄, 파키스탄 등은 이슬람을 태동하
고 발전시킨 핵심 지역이다. 21세기 들어 연대하고 있는 이
지역을 소위 시아 벨트(Shia Belt) 혹은 시아 초승달 지역(Shia

Crescent)이라고 부르며 많은 이들이 이들의 연합이 국제관계에 어떠한 영향을 미칠지 촉각을 곤두세우고 있다. 통계적으로는 전체 무슬림의 10~15퍼센트밖에 되지 않는 소수파지만 중동 지역에서 영향력을 확장하고 있다.

특히 이란은 2013년 중도파 하산 로하니(Hassan Rouhani) 대통령이 당선되고 2015년 핵협상 합의에 성공하면서 국제사회로 복귀했다. 국제적 영향력을 확대하고 중동 지역 내에서도 입지를 강화하고 있다. 그러나 이란이 국제사회의 평화적 구성원인 보통 국가로 복귀했다고 보는 시각은 아직 드물다. 강경 보수파 최고 종교지도자 하메네이(Khamenei)가 여전히 이란을 지배하고 있을 뿐만 아니라 중동 지역 내 폭력적 갈등과 분쟁에 직간접적으로 관여하고 있기 때문이다.

한국은 2016년 5월 국교 수립 후 최초로 대통령이 국빈 방문하여 변화하고 있는 이란에 대한 관심을 표현했다. 그러나 수니파와 시아파의 갈등이 끊임없는 중동 지역에서 어느 한쪽으로 외교관계가 치우칠 수 없다. 중동 지역에서 균형 잡힌 입장을 만들기 위해서는 중동 지역의 갈등을 이해하는 것이 우선이다. 중동 갈등을 이해하기 위해서 그 중심에 있는 시아 이슬람을 아는 것이 첫걸음일 것이다.

시아파 발생 이전 상황

시아파 이슬람을 본격적으로 이야기하기 전에 이해를 돕기 위한 배경지식으로 이슬람의 태동과 초기 역사에 대해 알아보자.

무함마드(Muhammad) 등장 이전의 아라비아반도는 정착민, 유목민에 상관없이 부족 중심의 사회였다. 부족 간의 반목과 갈등이 심했기 때문에 그 사람이 어느 부족 출신이며 어떤 위치를 차지하고 있느냐가 그 사람을 판단하는 중요한 잣대가 되었다. 주요 가문에 속해 있지 못하거나 재물과 군사가 없어서 스스로를 보호할 힘이 없는 사람은 강력한 부족이나 유력자들에게 자신을 의탁(依託)하여 보호를 받아야

했다. 그렇지 않을 경우 쉽게 약탈을 당해 재물과 목숨을 잃었다.

아라비아반도에 사는 대부분의 사람들은 유목생활을 하거나 농사를 지었다. 일부는 반도의 서쪽 지역을 따라 인도에서 오는 물건을 시리아나 비잔틴 제국으로 중계하는 무역에 종사하기도 했다. 이들 대부분은 종교를 가지고 있지 않았으며 돌이나 나무로 우상을 만들어 부족신으로 섬겼다. 이들은 신성한 장소를 정하여 종교적인 의식을 행했으며 이 기간에는 특별히 부족 간의 싸움도 삼가고 종교행위에 집중했다. 이런 신성한 장소 중에 가장 크고 번성했던 곳이 바로 메카(Mecca)의 카바(Ka'bah)였다. 신성한 장소를 보존하던 가문은 그곳에 종교행위를 하러 오는 사람들에게 존경과 경외의 대상이었기 때문에 영향력을 행사했다.

이슬람 창시자 무함마드가 바로 성지의 중심지인 카바를 지키는 가문의 후손이었다. 그가 속한 쿠라이시(Quraysh) 부족은 카바에 순례를 오는 사람들에게 물과 음식을 제공했으며 인도와 시리아, 비잔틴 중계무역에도 관여했다. 이들은 예멘으로 오는 인도의 물품을 시리아와 비잔틴으로 안전하게 중계하기 위해서 여러 부족과 협정 및 동맹을 맺어 메카를 포함한 아라비아반도 전역에 영향력을 행사하고 있었다.

그러나 무함마드가 태어나던 시기에는 그 영향력이 점차

줄고 있었다. 무함마드는 서기 570년 아버지가 없는 유복자
로 태어났으며 6세가 되었을 때 어머니도 죽는다. 할아버지
의 손에 크던 무함마드는 어머니가 죽은 2년 뒤 할아버지도
세상을 떠나 삼촌인 아부 탈립(Abu Talib)에 의해 성장한다.
아부 탈립은 시아파 이슬람에서 초대 이맘(무함마드의 혈통으
로 특별한 능력을 수여받은 시아파의 성인으로 알라와의 중재자)으로
추앙받는 알리(Ali)의 아버지이다.

무함마드는 25세가 되던 해 열다섯 살 연상의 과부 하디
자(Khadija)와 결혼한다. 거부(巨富)인 하디자와 결혼하면서
무역보다 명상에 집중한다. 그는 40세가 되던 610년 알라로
부터 첫 계시를 받는다. 습관처럼 메카 인근의 히라(Hira)산
에 가서 명상을 하던 무함마드에게 가브리엘(Gabriel) 천사가
찾아와 계시를 주었다고 전해진다. 계시를 받고 두려움에 떨
던 무함마드를 격려한 것은 부인 하디자였다. 그녀는 첫 번
째 신자가 되었고 당시 9~10세쯤 되었던 무함마드의 사촌
인 알리가 두 번째 신자가 되었다. 그리고 그의 몸종과 같은
자이드가 세 번째 신자가 된다. 무함마드의 가족 외에 첫 번
째 신자는 무함마드의 후계자로 1대 칼리프가 된 아부 바크
르(Abu Bakr)였다.

무함마드는 첫 계시를 받고 4년이 흐른 뒤에 쿠라이시 부
족이 속한 하심(Hashim) 가문의 회의에서 자신이 계시받은

종교의 공식적인 첫 포교를 시작한다. 가문의 원로들에게 우상숭배를 그치고 유일신 알라를 믿을 것을 권고한다. 당시 다신 숭배의 중심지인 메카의 독점적 상권을 가지고 있던 하심 가문은 그의 포교를 받아들이지 않는다. 다신 숭배자들로 인해 많은 이득을 누리고 있던 가문으로서는 받아들이기 힘든 내용이었다.

당시 무함마드의 포교를 듣고 추종하던 사람들 대부분이 힘이 없는 젊은이나 노예였기 때문에 가문 전체의 반대를 극복할 수 없었다. 다행인 것은 삼촌인 아부 탈립의 보호가 있었기에 그나마 죽음은 면할 수 있었다. 그는 기득권층의 박해를 피해 615년 자신의 추종자들을 아프리카 에티오피아의 기독교 왕에게 피신을 보내기까지 하였다.

619년, 메카에서 영향력이 있던 부인 하디자와 삼촌 아부 탈립이 죽자 무함마드는 곤경에 처했다. 자신과 추종자들을 보호해줄 새로운 후견인을 찾아야 했다. 620년, 곤란에 빠져 있던 무함마드에게 희소식이 전달된다. 야스립(Yathrib)이라는 도시에서 종교적 순례를 위해 메카에 왔던 몇몇 사람들이 무함마드의 설교를 듣고 무슬림이 된 것이다. 이들을 위해 무함마드는 자신의 제자를 야스립으로 보낸다. 이들은 야스립에서 무함마드의 가르침을 전하여 많은 사람이 무슬림이 되었다. 621년 야스립의 양대 라이벌 가문인 아우스(Aws)

와 하즈라즈(Khazraj)가 무함마드를 보호해주기로 결정하고 그를 초대하였다.

무함마드는 즉각 야스립으로 이주를 결정하고 621년 메카를 떠난다. 이때가 이슬람 역사의 중요한 전환점이 되는 히즈라(Hijra: '이주'라는 뜻으로 이슬람력이 시작되는 첫해) 원년이 된다. 그 후 야스립은 메디나트 안-나비(Medinat an-Nabi: 예언자의 도시)로 불리게 된다. 줄여서 메디나(Medina)이다.

히즈라 이후 이슬람

메디나로 이주한 첫해 무함마드는 라이벌 가문인 아우스와 하즈라즈의 중재 역할에 매진한다. 그는 종교적 예언자보다는 정치적 리더로서 메디나의 모든 부족들의 연합체를 만들어 메디나 내에 안정을 가져온다. 종교적으로는 메카에서 따라온 무하지룬(Muhajirun: 이주자)과 메디나에서 믿기 시작한 안사르(Ansar: 돕는 자)의 연합에 힘을 쏟는다.

시간이 지나면서 무함마드는 내적·외적 도전을 받는다. 내부적으로 무함마드를 지지하지 않는 사람들이 메디나 연합체에 들어오면서 갈등을 일으킨다. 이슬람 역사에서 이들을 무나피쿤(Munafiqun: 위선자)이라고 부른다. 이들뿐만 아니라 무함마드와 그의 공동체를 환영하던 유대인 공동체도 무함마드에게서 등을 돌린다. 다신교사회에서 유일신을 주장하던 무함마드에 호의를 갖고 있던 유대인들은 그가 주장하는 유일신이 그들이 믿는 여호와 하나님이 아니라 이방신임을 깨닫고 지지를 철회한다. 무함마드도 유대인의 반대가 커지자 초기에 예루살렘을 향해 기도하던 방향을 메카의 카바로 바꾼다.

외적인 도전은 메카인들과의 전쟁이다. 이들은 무함마드의 가르침이 마음에 들지 않았을 뿐만 아니라 자신들의 경제활동에도 치명적인 악영향을 준다고 생각했다. 결국 자신들의 카라반(Caravan: 무역상)을 보호한다는 명목으로 메디나를 침공했다. 메카와 메디나 사람들은 8년 가까이 전쟁을 했다. 이 전쟁을 통해 무함마드는 자신에게 대항하던 메디나의 무나피쿤 세력과 유대인들을 몰아냈을 뿐만 아니라 메카를 점령하는 정치적·군사적 수완을 발휘한다.

마침내 메카에서 쫓겨나다시피 메디나로 이주한 지 8년 만인 630년 다시 메카로 승리의 입성을 한다. 무함마드와 알리가 메카로 돌아와서 처음으로 한 일이 메카에 있던 모든 우상을 제거한 것이다. 이듬해 남(南)으로는 예멘으로부터 동(東)으로 바레인까지 아라비아반도의 모든 지역이 무함마드의 통치 아래 들어가게 된다. 그는 모든 지역에 자신의 심

복을 보내 이슬람을 전파하였다.

632년 무함마드는 알리에게 카바에 다시는 다신교를 숭배하는 자들이나 이교도들이 들어가지 못하도록 하라는 명령을 하고 '마지막 순례'를 떠난다. 이 순례는 모든 무슬림의 모델이 되고 있으며 이 마지막 순례 이후 메디나로 돌아온 무함마드는 죽음을 맞는다.

초기 메카에서 포교할 당시에는 세 가지 기본 율법이 있었다.

첫째, 모든 우상을 버리고 유일신을 믿어라.
둘째, 신의 사자(使者)로서 무함마드를 믿어라.
셋째, 심판의 날을 믿어라.

이 외에도 어린아이를 산 채로 묻는 이교도적 악습들을 멀리할 것을 명령했지만 많지 않았다. 그러나 메디나로 이주해오면서 중재자 혹은 정치가로 여러 규칙과 법을 만들어 지키게 했다. 대표적으로 추가된 규칙은 다음과 같다.

첫째, 하루에 다섯 번씩 반드시 기도하라.
둘째, 라마단 달에는 금식하라.
셋째, 자선을 행하라.

넷째, 카바로 순례하라.

다섯째, 우상숭배자들에 대한 거룩한 전쟁에 참여하라.

이 다섯 가지 규칙 외에도 결혼, 이혼, 상속 등 사회적 행위에 대한 가르침을 법제화하였다. 또한 순결, 충성, 정직, 인내, 용서 같은 도덕적·윤리적 규례들도 추가되어 점차 종교로서 발전해가는 모습을 보이게 된다.

시아파의 기원

시아파 이슬람이 무엇이고 어떻게 형성되었는지를 알기 위해서는 무함마드 죽음 직후인 632년의 역사적 상황에 대한 이해가 있어야 한다.

무함마드의 죽음은 이슬람 공동체에 종교적·정치적 위기를 초래하였다. 그는 이슬람 공동체의 카리스마 있는 정치·종교 지도자였고 어느 누구도 대신할 수 없는 최후의 예언자(나비nabi)이자 신의 사자(라술rasul)였다.

이슬람에서 무함마드의 절대적 역할로 인해 그의 사후에 이슬람 체제가 지속될 수 있을지 의문이 제기되었다. 물론 이슬람 정치 체제는 무함마드의 죽음 이후에도 존속하였다.

그러나 무함마드 이후 칼리프(Khalifah: 계승자) 계승권을 둘러싼 투쟁은 결국에는 이슬람 세계를 수니파와 시아파로 양분하고 말았다.

시아파의 의미

모든 무슬림은 '알라는 유일신이며, 무함마드는 그의 사도이다'라는 공통된 신앙고백을 하고, 무슬림의 기본의무인 다섯 의례(신앙고백, 기도, 자선, 금식, 성지순례)를 지키며, 쿠란(Quran: 이슬람 경전을 칭하는 아랍어. 영어로는 '코란Koran'이라고 표기)을 그들의 경전으로 소중하게 여긴다. 종파와 정파를 초월해 모든 무슬림이 이 전통을 공유한다. 시아파와 수니파 두 정파(종교 교리적 갈등에서 출발한 것이 아니라 정치적 갈등에서 출발하였기 때문에 정파라는 표현을 사용하도록 하겠다)의 갈라짐은 종교적이 아니라 정치적인 갈등에서 시작되었다.

무함마드의 사후 계승권 분쟁으로 시작된 두 정파의 갈등은 그 이름에서 알 수 있다. '시아'는 'Shia-t-Ali' 즉 '알리를 쫓는 사람들'에서, '수니'는 '순나(선지자의 전통, 곧 쿠란과 무함마드의 언행복인 하디스Hadith를 지칭)를 따르는 사람들'에서 유래되었다. 이 분쟁은 정치적인 면에서 시작되었지만 수세기가 지나면서 종교적인 부분까지 확장되어갔다. 알리(정통 4대 칼리프 중 마지막 네 번째 칼리프이자 시아 이슬람의 1대 이맘으로 무함마드의 사촌이자 사위) 사후에는 '시아'라는 말이 알리에게 특별한 계시가 임했다고 믿는 추종자들로 명확하게 구분되었지만 그 이전에는 단순히 추종자라는 의미가 강했다. 그래서 시아 무사(모세를 따르는 사람들), 시아 아브라함(아브라함을 따르는 사람들) 등으로 사용되었다.

시아파는 이슬람 정통 칼리프라고 이야기하는 1대 아부 바크르(Abu Bakr), 2대 오마르(Omar), 3대 우스만(Uthman)을 인정하지 않는다. 하늘에서 계시된 선지자의 특별한 능력이 오직 무함마드 혈통인 알리와 그의 혈통에게만 이어진다고 믿고 있다.

특히 시아파 무슬림은 무함마드 사후의 계승권에 대해서 다음 세 가지 사항을 주장한다.

첫째, 선지자의 계승권은 신성하고 거룩하게 임명되어야 한다.

둘째, 최후의 예언자 무함마드가 알라에 의해 선택되었듯이 그의 계승자인 이맘(Imam)도 무함마드에 의해 검증된 사람이자 알라에 의해 선택된 사람이어야 한다.

셋째, 무함마드 다음의 계승자는 바로 알리이다.

반면 수니파 무슬림들은 무함마드의 계승자인 칼리프는

특별한 능력을 가질 필요가 없으며 당대의 다른 종교인들보다 더 신실한 필요도 없다고 말한다. 종교와 정치의 분리현상이 나타난 것이다. 칼리프 혹은 술탄으로 이어지는 정치적 지도자와 종교적 지도자의 역할 분담이 이루어진 것이다. 칼리프는 성직이 아니기 때문에 영적인 권위와 지식을 소유할 필요가 없다. 더구나 시간이 지나면서 점차 권력의 승계 부분에서도 종교적·도덕적 인가를 받지 않고 진행되기도 했다.

시아파의 기원

예언자 무함마드가 사망한 이후 일부 무슬림들은 무함마드의 혈통인 알리가 이슬람 공동체의 지도자가 되어야 한다고 믿었다. 이러한 믿음은 결국 시아파 이슬람이라는 공동체 형성에 결정적 동기를 제공했다.

시아파 이슬람의 첫 번째 이맘인 알리는 무함마드의 사촌으로 어려서부터 무함마드에 의해 자랐으며, 무함마드의 딸 파티마의 남편이기도 하다. 알리는 무함마드의 부인을 제외한 첫 번째 개종자로 무함마드의 모든 여정을 함께했다. '무함마드와 이슬람을 위해서 자신의 것을 버린 용감하고 지혜 있는 자'라고 이슬람 역사에는 표현되고 있다.

무함마드도 알리의 용맹함과 신실함을 칭찬하고 그를 신뢰했다. 무함마드는 '알리는 세상에서 가장 지혜로우며 항상 진실과 함께한 자다' 혹은 '세상의 지혜가 열 개의 조각으로 나뉘었다면 아홉 조각은 알리에게 나머지 한 조각은 나머지 사람들에게 나누어졌다'고 그를 칭찬했다.

알리는 자신을 신뢰하는 선지자이자 장인어른인 무함마드를 위해서 목숨을 아까워하지 않았다. 일례로 메카 지역의 사람들이 무함마드를 암살하려는 시도가 있음을 알게 된 알리는 무함마드를 안전하게 함과 동시에 그 일당을 잡기 위해 무함마드를 산으로 피신시키고 자신이 무함마드의 침대에 매복한다. 아무것도 모르고 온 자객들은 무함마드를 암살하려 했지만 침대에 숨어 있던 알리에 의해 죽임을 당하게 된다. 그는 적의 숫자를 개의치 않고 적진에 뛰어드는 용맹함과 무함마드의 안위를 최우선에 두는 무한한 충성심을 보인다.

사람들은 알리가 행한 여러 일을 보면서 자연스럽게 무함마드의 생각을 가장 잘 이해하고 수행하는 그가 무함마드 사후(死後) 지도자 자리를 이을 적임자라고 생각하게 되었다.

알리를 후계자로 여기게 된 가장 결정적인 사건은 가디르 훔(Ghadir Khumm)에서 일어났다. 무함마드가 죽기 전에 마지막으로 메카로 순례를 다녀오면서 가디르 훔이라는 지역에서 많은 사람을 모아놓고 '나를 선지자요 주인으로 받아들이는 모든 사람의 주인은 이제 알리이다'라고 직접 언급했다. 그곳에는 아부 바크르와 우스만도 참석하고 있었고 직접 알리에게 축복을 전했다고 전해지고 있다. 이란에 있는 시아파 무슬림들은 이날을 알리 후계자 공인일로 기념하여 가디르 훔 축제를 열고 있다.

알리를 유일한 후계자로 여기는 이들의 신앙고백은 수니파의 고백과 조금 다르다. '알라 외에 신은 없고 무함마드는 최후의 예언자이다'라는 고백에 '알리는 알라의 뜻을 행하는 실행자이다'라고 추가하여 고백한다. 또한 이란의 시아파 무슬림들은 어떠한 일이 있을 때 '알라여'보다 '오! 알리여'를 더 자주 외친다. 집을 들어갈 때도 힘을 쓸 때도 습관처럼 '여! 알리'라는 말을 한다. 마치 한국 어른들이 깜짝 놀랄 때에 습관적으로 '아이고 아버지' '아이고 어머니' 하는 것처럼 말이다. '여! 알리'라는 말로 인해 시아파 이란인과 이란으로 유학을 온 수니파 무슬림들이 말다툼을 하는 일이 종종 있다. 왜 알라를 찾지 않고 알리를 부르냐는 것이 주된 논쟁거리다. 이러한 사소한 차이가 시아파와 수니파의 갈등을 더욱 부추긴다.

무함마드가 자신의 뒤를 이을 후계자를 직접 지명하지 않고 죽어 후계자 선정의 갈등이 시작된다. 이슬람 체제 유지를 위해 결국 부족의 전통에 따라 이슬람 원로들이 회의를 했고, 무함마드의 장인이자 오랜 친구인 아부 바크르를 후계자로 결정했다. 이들에게는 무함마드와의 특별한 혈연관계나 영적인 교감이 중요하지 않았다. 부족의 전통을 쫓아 이슬람 공동체 즉 움마(Ummah)를 인도할 사람으로 종교적·정치적으로 탁월하게 공동체의 일을 처리할 정치가가 필요했다. 그러나 이 사실에 승복하지 못하고 알리를 진정한 이슬람의 지도자라고 여기며 따르는 사람들이 아부 바크르 계승 이후에도 여전히 존재했다.

아부 바크르는 2년의 칼리프직을 수행하고 죽었다. 그 후 2대 칼리프 역시 알리가 아닌 오마르였다. 하지만 오마르는 알리를 존중하고 그에게 조언을 얻으면서 정복사업을 펼쳐 정통 칼리프 중 가장 넓은 지역을 정복했다(오마르 재임 시 이란도 사산조 페르시아 왕국이 무너지고 아랍 이슬람 세력에게 정복되었다). 10년의 치세 후에 오마르는 이란인 죄수에게 암살당하고 3대 칼리프직도 우스만에게 넘어갔다. 점점 알리를 추종하는 사람들의 불만은 커져갔다. 탐욕이 강했던 우스만은 이슬람의 이름으로 정복한 각 지역에 자신의 친척들을 책임자로 보내 친정 체제를 구축해갔다. 그동안의 민주적이던 이슬람 세계가 점점 우스만에 폭정에 그 가치를 잃어가자 그에 대한 불만이 폭발하여 폭동이 일어나고 우스만도 암살을 당한다.

드디어 알리가 많은 사람의 추대로 마지막 정통 칼리프직에 오르게 된다. 그러나 당시 우스만의 지명으로 시리아 총독으로 있던 무아위야(Muawiya)가 반란을 일으키고 알리에 대항한다. 이 전쟁으로 인해 수천 명의 무슬림이 죽는다. 전세가 불리해진 무아위야는 알리 측에 협상을 요구한다. 이 일을 두고 알리의 추종자들은 두 갈래로 세력이 나뉜다. 무슬림으로 끝까지 싸움을 주장하는 주전파(主戰派)와 알리를 포함하여 쿠란의 명령대로 화해를 주장하는 협상파로 나뉘었다. 결국 알리는 무아위야와 협상을 택하고 끝까지 싸움을 주장하던 사람들은 알리의 진영에서 떠나게 된다.

이들이 바로 이슬람 최초의 종파인 하와리지파(Kharijite: 떠난 자)이다. 이들은 이후 공공연히 알리의 암살을 노렸으며 결국 알리는 이라크 쿠파(Kufa)의 한 모스크에서 기도하던 중 하와리지파 전사의 독 묻은 칼에 죽임을 당한다. 이후 시리아 총독이던 무아위야가 권력을 잡아 스스로를 칼리프라 칭하고 우마이야 왕조(Umayyad dynasty: 661~750)를 창설한다.

그 이전까지 원로들의 추천과 선거를 통해 정해지던 칼리프는 무아위야 이후로 한 가문에 의해 세습되면서 초기 이슬람정신에서 벗어나기 시작한다. 무아위야는 죽은 후 아들 야지드(Yazid)에게 칼리프직을 물려주었다.

이때까지도 사람들은 숨어서 알리를 추모하고 알리의 가문을 따랐지만 크게 드러나게 활동하지 않았다. 그러나 알리의 둘째 아들인 3대 이맘 후세인이 카르발라(Karbala)에서 야지드의 대군에 의해 무참히 살해된 것을 전해 들은 후 알리를 추종하는 세력이 급속도로 모이기 시작하였다.

카르발라 사건

시아파 이슬람이 태동하게 된 결정적 계기이자 시아파 이슬람 최대 종교 기념일인 아슈라(Ashura)의 배경이 되는 사건이 바로 680년 아랍력 1월(무하람Muharram)에 이라크 카르발라에서 일어난 3대 이맘 후세인의 죽음이다. 시아파 1대 이맘 알리가 살해당한 후 그의 첫째 아들 하산이 이맘직을 계승하였다. 그러나 유약했던 하산은 곧 우마이야조를 건설한 무아위야에게 충성을 맹세했고, 후에 암살당했다고 전해진다.

우마이야조의 무아위야는 스스로 칼리프에 올랐지만 많은 무슬림이 추종하는 알리 가문을 견제하고 감시했다. 알리의 추종자들은 알리의 혈통을 이맘이라 부르며 추종했고 671년 알리의 큰아들 하산에 이어 알리의 둘째 아들 후세인이 이맘직을 계승한다.

680년 무아위야의 뒤를 이어 칼리프가 된 야지드는 후세인에게 자신에 대한 충성맹세를 요구하였다. 그러나 후세인은 충성맹세를 거부하고 메카의 하람 사원으로 피신한다. 후세인은 이곳에서 약 네 달 동안 기거하였다. 메카에 있는 동안 그는 이라크 남부에 위치한 쿠파의 무슬림에게 많은 서신을 받았다. 그들은 후세인에게 야지드의 폭정에 대항할 반란의 지도자가 되어줄 것을 부탁하였다. 후세인과 그의 가족, 측근들은 쿠파 사람들의 요청을 받아들여 메카를 떠나 쿠파로 이동하기로 결정하였다. 메카를 떠나기 전 후세인은 그곳에 순례를 위해 모인 사람들에게 자신은 죽임을 당할지도 모르지만 야지드 정권의 불의와 폭정에 대항하기 위해 떠나야만 한다고 설교한다.

칼리프 야지드는 쿠파로부터 후세인에게 수차례 편지가 전해졌다는 정보를 얻고, 쿠파의 후세인 추종 지도자들을 처형한다. 그 후 다시 군대를 파견하여 이라크 남부 유프라테스강 근처 카르발라에서 쿠파로 오던 3대 이맘 후세인과 그의 가족들을 포위한다. 히즈라(이슬람력) 61년(680) 1월(무하람) 야지드 군대는 후세인과 그의 가솔들을 사막에서 포위한 후 9일 동안 물 공급을 차단하였다. 10일째 되던 날 후세인과 추종자들이 밤 예배를 마친 시각 즈음 시작된 3만여 명의 야지드 군대의 공격에 대부분이 무참히 살해되었다.

거의 모든 남자들이 참수되었으며, 후세인의 여동생인 자이납(Zaynab)을 포함한 극소수만 살아남아 포로가 되었다. 후세인의 머리는 시리아 다마스쿠스(Damascus)에 있던 야지드에게 보내졌다. 시아파의 전통에 의하면, 야지드는 후세인이 다시는 쿠란을 낭송하지 못하도록 막대기로 그의 머리를 사정없이 후려쳤다고 전해진다.

포로가 된 후세인의 동생 자이납은 후세인의 아들 4대 이맘 알리를 키우며 카르발라의 참상과 끝까지 싸운 후세인의 영웅적 이야기를 많은 사람들에게 전했다. 그녀는 대부분의 시간을 이집트 카이로에서 보냈으나 말년을 다마스쿠스에서 보내다 죽는다. 자이납이 죽은 곳에는 자이납을 기념하는 거대한 '사이다 자이납 모스크(Sayyidah Zaynab Mosque)'가 지어졌다. 많은 시아파 무슬림들이 순례를 오는 순례지이다.

수니파 무슬림들과 다르게 시아파에서는 여성들의 역할이 컸다. 알리의 부인이자 무함마드의 딸인 파티마도 알리와 함께 초기 시아파 역사에서 큰 역할을 했고 알리의 딸이자 후세인의 누이인 자이납도 카르발라 사건을 전파하며 시아파의 형성에 결정적 역할을 했다.

카르발라의 학살은 당시 무슬림 공동체에 엄청난 충격을 주었다. 선지자 무함마드의 후손들이 몰살당하는 것을 목격하면서 큰 슬픔에 잠겼다. 수니파 이슬람 역사에서는 무슬림 간에 벌어진 많은 전쟁 중 하나가 시아파 이슬람에서는 새로운 역사의 출발이 되었다. 6개월 아이까지 죽인 끔찍한 학살은 후세인과 무함마드의 가문에 동정적 분위기를 만들었다. 또한 이맘에 대한 절대적인 헌신과 충성, 불의에 대한 저항 등 종교 형성 초기에 필요한 새로운 이상(理想)을 만들어 냈다.

알리와 후세인의 추종자들인 초기 시아파 무슬림들은 이 기회를 잘 이용하였다. 이들은 정치적·군사적으로 우마이야 왕조에 대항하지 않았다. 이들은 철저히 종교적이고 도덕적으로 저항했다. 이들은 우마이야 왕조의 도덕적 기반을 흔들어 놓으며 이슬람 정권의 정통성을 의심케 했다. 결과적으로 후세인은 전쟁에서 패한 것이 아니었다. 그는 실제적으로 승자였다. 후세인은 단순한 시아파 이맘이자 지도자를 넘어 불의한 정권과 폭정에 항거하는 용기 있는 저항의 상징이 되었다. 후세인의 열정과 죽음은 지금도 핍박 속에 고통 받는 시아파 무슬림의 가슴을 뜨겁게 한다.

이슬람력으로 매년 무하람 달(1월) 10일은 시아파의 가장 성스러운 날인 아슈라 기념일이다. 이날 시아파 무슬림들은 680년의 카르발라 사건을 재현하고 후세인과 가솔들의 고통을 함께 공유한다. 후세인의 참수된 몸체가 묻혀 있는 카

르발라는 시아 이슬람에서 가장 성스러운 장소이며, 매년 수
많은 시아파 무슬림들이 순례를 하는 곳이다.

시아파의 확장

시아파 이슬람이 처음으로 퍼져 나간 곳은 레바논과 시리
아 지역이다. 역설적이게도 알리의 추종자들이 생기는 것을
막기 위해 알리의 충실한 추종자였던 무함마드의 동료 아부
다르(Abu Dharr)를 다마스쿠스로 추방하면서부터이다. 3대
칼리프인 우스만이 알리 추종세력의 영향력을 약화시키기
위해 자신의 가문인 무아위야가 총독으로 있던 시리아로 아
부 다르를 쫓아냈다. 그러나 그는 그곳에서 더욱 열정적으
로 알리가 후계자로서의 정통성과 위대함을 가지고 있다고
전파했다. 그가 다마스쿠스에서 레바논 남부 지역의 자발 아
밀(Jabal Amil)로 이주하면서 알리의 추종자는 더욱 증가했다.
그는 자발 아밀 지역에 시아파 모스크 두 곳을 건립하고 그
곳에서 시아파 이슬람의 포교에 열중했다. 현재 까지도 레바
논과 시리아에 시아파 무슬림들이 많이 남아 있다.

시간이 지나면서 시아파 이슬람의 중심지는 이라크의 쿠
파로 옮겨졌다. 알리가 통치하던 시절에 병영도시로 만들어

진 쿠파는 주민 대부분이 알리를 추종하는 사람들이었다. 우마이야 왕조의 폭정에 저항할 반란을 3대 이맘 후세인에게 제의한 사람들이기도 하다.

예멘도 이슬람이 들어온 초기부터 시아파를 받아들였다. 이슬람 역사에 의하면 무함마드는 할리드 알 왈리드(Khalid al-Walid)를 이슬람 선교사로 예멘 지역에 보냈다. 그는 예멘에서 6개월을 머무르면서 이슬람을 포교했지만 성공을 거두지 못했다. 다시 무함마드는 할리드를 불러들이기 위해서 알리를 그곳으로 보냈다. 알리와 동행했던 일행 중에 한 사람이던 알 부라(Al-Bura)의 기록에 의하면 알리는 예멘에 도착한 첫날 새벽, 일행과 함께 예배를 드리면서 먼저 알라를 찬양하고 무함마드의 가르침을 모든 사람 앞에서 설교했다. 이때 함단(예멘의 지역)에 있던 많은 사람들이 그곳에서 이슬람을 받아들이고 알리를 따랐다고 한다. 후에 예멘에는 시아파의 한 분파인 자이드파가 대세를 이루게 된다.

이집트에서도 알리를 추종하던 무함마드의 동료들이 처음으로 이슬람을 가지고 들어왔다. 이들의 노력으로 많은 이들이 알리에 대해 호의적이었으며 알리가 칼리프에 등극한 후에 알리가 보낸 통치자들을 따뜻하게 맞아주었다. 그러나 우마이야 왕조와 압바시야 왕조를 거치면서 수니파가 압도적으로 많아졌다. 그러나 민중 사이에서는 알리에 대한 안타

까움이 남아 있었고 그것이 후에 시아파 이슬람의 한 분파인 이스마일파가 세운 파티마(Fatima) 왕조의 건립에 결정적인 역할을 한다. 시아파 왕조인 파티마조는 십자군 전쟁의 영웅 살라딘이 아이유브 왕조를 세우기 전까지 이집트를 포함하여 북아프리카를 지배하였다.

반면 이란의 시아 이슬람화는 다른 지역과 사뭇 다르게 진행되었다. 이슬람 확장 초기에는 콤과 레이(현재 테헤란), 카산(Kashan) 지역을 제외한 대부분의 지역은 수니파 이슬람을 받아들였다. 3대 이맘 후세인의 부인이 사산조 페르시아의 마지막 공주였다는 혈통적 관계가 있었지만 대부분의 이란인은 수니파 무슬림으로 남아 있었다. 그러나 이란 지역에서 나타난 부예(Buyed) 왕조가 시아파 이슬람을 왕조의 종교로 삼아 압바시야 왕조의 바그다드까지 점령하면서 이란의 시아 이슬람화를 시작한다. 그러나 결정적인 시아 이슬람화는 1501년에 등장한 사파비 왕조에서 완성되었다. 사파비 왕조는 자신들의 혈통을 7대 이맘의 후예로 자처하면서 시아파 이슬람을 국교로 삼았다. 이들은 시아파 신학교를 세우고 외국에서 저명한 시아파 신학자들을 초빙하며 이란인들의 시아 이슬람화에 열을 올렸다. 이때 당시 페르시아의 영토였던 아제르바이잔도 시아파 이슬람으로 개종되어 현재에 이르고 있다.

후세인과 카르발라 사건의 정치적 의미

수니파와 시아파의 이슬람 원리주의 이론가들은 예언자 무함마드를 억압받는 자들을 위해 투쟁한 정의로운 혁명가로 묘사한다. 반면에 일반 대중 이슬람에서 예언자는 신의 시련이나 최후심판의 날 그리고 일상생활의 위기의 순간에 무슬림을 위해 중재하는 전형적인 영적 리더로 묘사되었다.

시아파의 3대 이맘 후세인에 대한 해석도 원리주의 시각과 대중주의 시각으로 양분되어 있었다. 대중적 시아파 사상에서 이맘 후세인은 신과 인간 사이의 중재자로서 죄를 용서할 수 있고 천당으로 가도록 허락할 수 있는 존재로 간주되었다. 카르발라에서 후세인이 순교한 것을 애도하는 것은 그의 중재를 얻을 수 있는 가장 효과적인 수단으로 인식되었다. 이에 따라 후세인의 고통을 묘사하는 추도의식에서 눈물을 흘리는 것은 비극에 대한 단순한 감정적 반응 이상의 의미를 지닌다. 눈물을 흘리는 것은 현세와 내세의 특혜를 받기 위해 고안된 종교의식의 한 행위이다.

또한 아슈라 날 검정색 옷을 입은 젊은이들이 행하는 자기 수난 행위도 동일한 의미가 있다. 이들은 카르발라에 관한 구절들을 암송하면서 체인이나 칼로 자신의 등을 매질하거나 거친 야자열매로 자신의 가슴을 연타한다. 이들은 후세인의 죽음을 애도하고 그의 고통에 동참하면서 카르발라 당시 그를 지원하지 못했던 쿠파 사람들의 죄를 상징적으로 속죄하고 참회한다. 이 고통에 경건하고 엄숙하게 참여하면 할수록 자신들의 죄가 사해진다고 믿고 있다.

1960년대와 1970년대 반(反)샤(Shah) 투쟁의 선봉장이었던 아야톨라 호메이니(Ayatollah Khomeini)와 이슬람 혁명 이론가 알리 샤리아티(Ali Shariati) 박사는 시아 이슬람 순교자들 중 최고의 순교자로 여겨지는 후세인을 억압받은 자들을 구하기 위해 압제자들에 저항한 혁명가로 묘사하였다. 이들은 진실한 무슬림이라면 후세인의 중재를 수동적이고 간접적으로 구하기보다 그의 혁명정신을 적극적으로 본받고 따라야 한다고 강조했다. 무하람 달 시작 일주일 전이자 이란의 이슬람 공화국 수립 세 달 전인 1978년 11월 23일 호메이니는 아슈라를 기념하여 이란 국민들에게 다음과 같은 성명서를 발표했다.

우리는 지금 위대한 영웅들의 자기희생 달인 무하람을 맞이하고 있다. 이 달에 인간의 순수한 피는 무력에 대항해 승리했으며, 진리는 거짓을 영원히 비난하였고, 모든 압제자와 악마 같은 권력자의 이마에 치욕의 낙인을 찍었다. 역사를 통해 무하람 달은 다음 세대에게 무력에 대항한 승리의 길을 가르쳐

주었고, 막강한 권력도 진리에 의해 패배할 수 있다는 사실을 입증해주었다. 또한 무하람 달에 무슬림들의 지도자인 이맘 후세인은 역사의 모든 압제자들에 대항하여 어떻게 투쟁할 것인가를 가르쳐주었다.

호메이니는 샤에 대항한 자신의 투쟁을 야지드에 대항한 후세인의 투쟁과 견주었다. 아울러 그는 백성들이 후세인의 순교를 수동적으로 애도할 것이 아니라 적극적으로 모방하도록 노력해야 한다고 강조하였다. 이와 관련하여, 이맘 후세인의 순교에 대한 그의 해석은 시아파 이맘들을 혁명적 지도자로 간주한 샤리아티의 해석과 일맥상통한다.

후세인의 순교에 대한 행동주의적·혁명주의적 해석은 결코 새로운 것이 아니었다. 이맘의 종교적 상징들은 역사의 다양한 과정에서 등장하여 다양하고 광범위한 의미를 제시해주었다. 호메이니는 대중들의 상상 속에 명시된 카르발라의 의미를 강조한 것이 아니라 잠재되어 있는 의미를 강조했을 뿐이었다. 그리고 카르발라의 신화적 의미를 강조한 사람은 그가 처음이 아니었다. 1905~1911년의 이란 입헌혁명기간 동안 한 저명한 아야톨라(ayatollah: 시아파 고위 성직자에게 수여하는 칭호)는 그 당시 이란을 통치했던 카자르(Qajar) 정권을 후세인과 그의 추종자들을 살해한 우마이야조에 비유하

였다. 1960년대 이란의 초등학교 5, 6학년 교과서에는 다음
과 같이 기술되어 있었다.

이맘 후세인은 억압과 불의를 용인하지 않았다. 카르발라에
서의 그의 순교는 폭정에 대항한 저항의 한 본보기였다.

팔레비 왕조에 저항하는 대규모 반정부 시위와 폭동이 일
어나기 직전인 1963년 무하람 달 대부분의 설교 내용이 후
세인이 야지드의 폭정과 억압에 대항하여 반란을 일으켰듯
이 샤의 폭정과 억압에 대항하여 반란을 일으켜야 한다는
것이었다.

그러나 시아파 무슬림들이 늘 전제정권에 대항하여 반란
을 일으킨 것은 아니었다. 카르발라 학살 사건이 일어난 후
1,300년 이상 시아파, 특히 열두 이맘파는 어떤 정권이 권력
을 장악하더라도 그 정권에 항상 피동적으로 반응하고 인정
하였다. 1979년 혁명의 경우, 사회적·정치적 상황이 혁명을
일으킬 수밖에 없도록 유도했기 때문에 카르발라 신화의 혁
명적 해석이 정치적으로 유효적절하게 적용되었던 것이다.

시아파의 주요 분파

초기 이슬람은 아라비아 지역을 포함한 중동사회에서 종교적 기능만 수행한 것이 아니라 정치적·군사적·사회통합적인 부분까지 영향을 미쳤다. 종교적 교리보다 정치적 신념이나 후계자 문제로 파벌이 갈라진 경우가 대부분이기 때문에 종파보다 정파라고 부르는 편이 더 어울릴 수도 있다.

수니파와 시아파도 누구를 칼리프로 세우느냐, 즉 정치적 후계자의 문제에서 시작되었고, 시아파 이슬람의 대표적 분파인 열두 이맘파(이마미파Imamiyyah)와 자이드파(Zaidiyyah) 그리고 이스마일파(Ismailis)도 그와 동일 선상에서 발생되었다. 시아파 내의 분파들도 정치적 노선의 차이뿐 아니라 선지자 가문인 알리의 가계에서 어느 대까지 신성한 이맘으로 인정할 것인지를 다루고 있어 명확히 구분할 수 있다.

시아파 이슬람의 주요 세 분파를 알기 위해서는 먼저 열두 이맘파에서 믿고 있는 12대의 이맘을 아는 것이 중요하다. 12대를 거치는 이맘의 가계에서 네 번째 이맘까지 동일하게 인정하고 다섯 번째에서 서로 다른 인물을 이맘으로 인정하면서 파생된 것이 자이드파이고, 6대 이맘까지 동일하고 일곱 번째 이맘을 서로 다른 사람을 추대하면서 갈라져 나온 것이 이스마일파이다. 먼저 열두 이맘파에서 인정하고 있는 12대의 이맘은 다음과 같다.

제1대 이맘: 알리 이븐 아부 탈립

제2대 이맘: 하산 이븐 알리

제3대 이맘: 후세인 이븐 알리

제4대 이맘: 알리 자인 알 아비딘

제5대 이맘: 무함마드 알 바킬 →

　　　제5대 이맘: 자이드 이븐 알리(자이드파)

제6대 이맘: 자파르 알 사딕

제7대 이맘: 무사 알 카짐 →

　　　제7대 이맘: 이스마일(이스마일파)

제8대 이맘: 알리 알 레자

제9대 이맘: 무함마드 알 자와드

제10대 이맘: 알리 알 나키

제11대 이맘: 하산 알 아스카리

제12대 이맘: 무함마드 알 문타자르(알 마흐디, 구원자)

위와 같이 12대를 거치면서 열두 이맘 시아파의 신성한 12명 이맘의 족보가 완성되었고, 열두 번째 이맘은 사라졌고 현재 은둔 상태이다. 시아파 종말론에서 열두 번째 이맘 마흐디는 마지막 심판의 날에 다시 나타나 세상을 완벽한 이슬람의 세상으로 바꾸어놓을 구세주이다.

자이드파: 다섯 이맘파

자이드파 혹은 다섯 이맘파라고 불리는 이 분파는 앞에서 언급한 열두 이맘 가운데 후세인의 아들인 알리 자인 알 아비딘 즉 4대 이맘까지 인정하고 5대 이맘은 무함마드 알 바킬이 아닌 그의 형제인 자이드 이븐 알리를 마지막 이맘으로 인정하고 숭배한다. 알리부터 내려오는 다섯 이맘에게는 특별히 마술적 능력이 주어졌다 믿었으며 이들을 특별하게 숭배하였다. 그래서 이 추종자들을 다섯 이맘파라고 불렀다.

후세인의 손자인 자이드는 무함마드의 혈통을 중요하게 여겼다. 무함마드의 딸인 파티마와 사촌인 알리의 혈통에서만 이맘이 나온다는, 지금 열두 이맘에서도 인정하는 신학적 교리가 이때부터 생기기 시작하였다. 또한 자이드는 알리 이외에 어떤 칼리프도 인정하지 않았다. 알리 이전의 세 명의 칼리프 아부 바크르, 오마르, 우스만은 합법적 칼리프가 아닌 정권을 빼앗아 간 찬탈자로 간주되었다. 그는 후세인처럼 비합법적 정권을 혁명으로 뒤엎는 것이 이맘의 할 일이라고 생각했다. 결국 그도 반란을 일으키다가 이라크 쿠파 근처에서 전사한다.

자이드파의 교리는 알리 이전 모든 칼리프의 합법성을 인정하지 않는다는 점을 제외하고는 수니파와 구별될 게 거의 없다. 비록 이맘이 알리와 하산, 후세인의 자손 가운데서 나와야 한다고 주장하고 있으나 이맘의 완전무결성이나 인간과 알라 사이의 중재적 기능 같은 시아파의 교리를 인정하지 않고 있다. 이맘도 칼리프처럼 단순히 왕이나 최고 종교지도자에 불과하다. 시아파로 분류는 하지만 시아파와 수니파의 중간지대에 있다고 보아도 무방한 분파이다.

9세기 말경부터 여러 지역에 자이드파 국가가 연이어 나타났다. 카스피해 남쪽 해변에서는 하산의 후손인 하산 이븐 자이드(Hasan B. Zayd)가 세운 국가가 864년부터 900년까지 통치했다. 뒤이어 같은 지역에 후세인의 후손 이맘 알 나시르 알우트루시(Al-Nasir Al-Utrush)가 또 다른 자이드파 국가를 세웠다. 그러나 최근까지 자이드파를 지속시키며 영향력을 미친 국가는 남부 아라비아의 예멘이다. 897년에 세워진 자이드파 신정국가는 1,000년 이상 예멘을 지배하며 자이드파의 법률적·종교적 교리를 구체화시켰다. 예멘은 1962년 군사쿠데타가 일어나 자이드파 이맘들을 쫓아내고 공화국이 되었다.

이스마일파: 일곱 이맘파

제4대 이맘 사후 계승권 문제로 자이드파가 갈라져 나간 뒤 얼마 지나지 않아 또 다른 분파가 나타났다. 제6대 이맘 사후 또다시 불거진 계승권 분쟁으로 새로운 분파가 탄생했다. 765년 제6대 이맘 자파르 알 사딕이 죽고 나서 장남인 이스마일의 음주문제로 대다수의 시아파 무슬림들이 7대 이맘으로 작은아들인 무사 알 카짐을 선택했다.

그러나 그가 진정한 이맘이 아니라며 형인 이스마일을 7대 이맘으로 추종하는 사람들도 존재했다. 이들은 이스마일에게 계시의 신성한 능력이 있다고 믿었다. 그뿐 아니라 이스마일 가문에서 '숨은 이맘(시아파 이슬람의 구세주)'이 나온다고 선언하고 계승권을 지키기 위한 투쟁을 지속하였다. 이들은 이스마일파로 불렸고, 이스마일을 포함한 위의 7명의 이맘을 숭배한다 하여 '일곱 이맘파'라고도 불렸다.

이들은 계승권 투쟁 과정에서 이슬람에 대한 교리를 발전시켰으며, 역동적인 선교 시스템을 구축해갔다. 이들은 시아파를 통합적 교리로 이끌었다. 사산조 페르시아 시대(226~651)에 생겨난 마니교에 영향을 받은 영지주의적 의례에서 이원론적인 사항을 많이 도입했다. 이스마일파는 초보적 신앙을 가진 대중에게는 기초적 교리만을 포교했다. 그러나 무함마드가 받은 계시의 표면적 의미 속을 뚫고 들어가 진정한 내적 의미에 도달할 수 있다고 믿는, 신앙이 깊은 사람들에게는 쿠란의 정밀한 해석을 통해 포교했다.

또한 조용히 상황에 순응하며 '숨은 이맘'의 재림을 기다리는 이마미파(열두 이맘파)와는 다르게 이스마일파는 압바시야 왕조에 대항하여 격렬한 선전 저항투쟁을 진전시켜 칼리프를 타도하려 했다. 이들의 영향력은 상당히 오랫동안 지속되었다. 이스마일 사망 후 100년이 지난 9세기 말에 이들은 압바시야조가 쇠약해가는 틈을 이용하여 이라크에서 농민과 도시노동자의 불만을 선동하고 투쟁하여 함단 카르마트(Hamdan Qarmat)의 지도 아래 카르마트 공화국(함단조)을 세웠다. 이 나라는 11세기까지 이라크뿐만 아니라 예멘과 바레인에 영향을 미쳤다.

이스마일파의 가장 큰 성공은 909년에 자신을 '숨은 이맘'으로 선언한 우바이 둘라 알 마흐디에 의해 이집트에 세워진 파티마 왕조이다. 이 왕국은 후에 튀니지의 시실리 섬까지 그 영역을 넓혔다. 969년에 이 왕조는 이집트를 정복하고 옛 수도 푸스타트 근처에 새로운 도시를 건설하여 그 이름을 카이라(al-Qahirah: 승리자)라 하니 곧 오늘날의 이집트 수도 카이로의 시작이다. 카이로는 곧 경제적·문화적 중심지가 되었고 이 새로운 수도에서 파티마 왕조는 아즈하르(al-Azhar) 성원을 건립하여 커다란 도서관을 운영했다. 이 성원은 곧 이슬람 신학의 배움터가 되어 오늘날까지 세계에서 가장 오래된 대학으로 알려지고 있다.

파티마 왕국의 힘은 11세기에 절정에 달했다. 팔레스타인과 시리아를 병합하고 이라크의 압바시아조까지 위협했다. 그러나 11세기 말 내분이 일어나고 셀죽 터키의 침입과 십자군과의 전투로 파티마조의 국력은 쇠약해져갔다. 그 후 파티마조의 영향력은 점차 줄어들어 카이로 근교만 통치했다. 1171년 아이유브조를 건설한 십자군 전쟁의 영웅 살라딘(1138~1193)이 카이로를 점령하여 파티마조를 멸망시켰다. 그는 이스마일파를 몰아내고 수니파 이슬람을 다시 이집트와 시리아의 국교로 회복시켰다.

그러나 이스마일파가 파티마조의 종말과 함께 역사의 무대에서 사라진 것은 아니다. '암살자'라는 영어 단어 'assassin'의 어원적 근원이 되는 페르시아계 '암살단파'로 명맥이 이어졌다. 이스마일파의 페르시아인 지도자 하산 시바(Hassan Sibai)가 11세기 말에 파티마조와 결별을 선언하고 카스피아해 남쪽에 있는 산속에 그 추종자와 함께 난공불락의 요새를 만들었다. 이들은 대마초를 복용하여 천당의 쾌락을 미리 맛보고 두려움을 극복하였다. 환각제가 임무수행에 있어서는 초인간적 용기를 준다고 생각했다. 이들이 이용하던 환각제인 대마초를 뜻하는 아랍어 단어 al-hashishin에서 유래하여 '하시시파'라고 알려지기도 했다. 이들의 암살 대상이 되면 모두 죽게 된다는 소문이 십자군을 통하여 유럽으로 흘러들어가 '암살자'를 뜻하는 'assassin'이라는 단어가 만들어졌다고 한다.

이마미파: 열두 이맘파

이마미파는 시아파 이슬람의 가장 큰 분파이다. 현재 시아파 이슬람의 85퍼센트를 차지하고 있으며, 이란 인구의

90퍼센트가 이 분파에 속한다. 또한 이라크 인구의 60퍼센트가 이 열두 이맘파이다. 과거 이라크 사담 후세인 정권에서 소외 받는 다수였지만 2005년 이라크 선거에서 승리하면서 새로운 중심세력으로 부상하였다. 미국은 이라크의 시아파가 이란과 손을 잡고 중동에 시아파의 영향력이 증가될 것을 우려하였다. 이 우려는 현실이 되었고 이란의 시아파 성직자와 정치가들이 이라크 정치에 깊이 관여하고 있다. 레바논에서도 30퍼센트 이상이 열두 이맘파이다. 그러나 이들은 레바논 빈곤층의 대명사로 분류되고 있다. 그러나 이들의 지지를 받아 시아파 무장단체인 헤즈볼라가 정치권으로 진입했다.

칼리프를 알리의 가문에 되돌려주려는 운동으로 시작된 시아파 이슬람은 독특하고 수니파와 구별되는 종교적 색채를 띠었다. 카르발라 사건처럼 우마이야 왕조의 알리 가문에 대한 박해는 알리의 아들인 하산과 후세인을 죽이는 데 그치지 않았다. 시아파 전승에 따르면 후세인의 아들과 손자도 독살당했으며 그 후 몇 세대나 이 박해가 계속되었다고 보고 있다.

시아파의 핵심은 이러한 정치적 책략의 희생자인 이맘들을 반(半)신격화된 순교자로 만드는 데 있다. 특히 열두 이맘파는 알리로부터 시작되는 12대에 걸친 그의 후손에 대한 절대적인 믿음을 갖고 있다. 수니파 이슬람에서는 단순한 예배인도자의 의미인 이맘을 그들에게 붙이며 훨씬 격이 높은 의미로 사용하고 있다. 19세기 한 시아파 학자는 이들 이맘들은 인간적 욕구를 가지고 있지만 어떤 예언자보다 흠이 없고 완벽하며 죄가 없다고 밝히고 있다.

이들은 기독교에서 예수 그리스도가 가진 하나님과 사람 사이의 중재자의 의미를 이맘에게 그대로 사용하고 있다. 시아파 무슬림들은 무슬림의 의무인 메카를 순례할 뿐만 아니라 이맘들의 무덤이나 그의 친척들의 무덤까지도 신성시하고 순례한다.

열두 이맘파는 위에서 설명한 자이드파나 이스마일파보다 비교적 현실에 잘 순응했다. 과격한 투쟁을 내세웠던 이맘들이 아니라 조용히 자신들의 자리를 지키려 했던 이맘들을 지지했기 때문이기도 하다. 이 분파의 가장 큰 특징은 마지막 열두 번째 이맘의 재림과 심판이다. 어려서 사라진 열두 번째 이맘이 '숨은 이맘(Hidden Imam)'으로 은둔생활을 하다가 마지막 심판의 날에 나타나 세상을 심판한다는 사상이다. 한 가지 특이한 점은 기독교의 구원자인 예수도 함께 재림하여 열두 번째 이맘인 마흐디(Mahdi)의 조력자로 활동한다는 주장이다. 이슬람에서도 성인으로 추앙받는 예수에 대한 새로운 역할 부여이다.

이 책에서 다루게 될 주요 시아파의 교리들이 사실상 이마미파의 교리라고 해도 무방하다. 숨은 이맘의 재림을 기다리는 재림신앙과 이맘에 대해 특별한 의미를 부여하는 이들의 교리를 좀 더 자세히 알아보도록 하자.

시아파의 주요 교리

이맘

'이맘(Imam)'이라는 말은 수니파 무슬림과 시아파 무슬림이 공통적으로 사용하는 말이지만 그 의미의 차이는 엄청나다.

수니파에서는 이맘을 종교적 집회나 예배를 인도하는 사람 혹은 예배의식에 숙달된 존경할 만한 사람으로 여기고 있으며 누구든지 이맘이 될 수 있다. 이맘은 직업이 아니고 단순히 예배를 인도할 때만 이맘으로서 역할을 할 뿐이다.

그러나 시아파에서 이맘은 이슬람 세계의 세속적 통치자

가 되는 독점적 권리의 소유자일 뿐만 아니라, 이슬람 성법상의 문제에 대하여 절대적 권위를 가지는 '최고 성직자'를 의미한다. 이맘은 알라로부터 자신의 백성을 이끌라는 임무를 위임받은 존재로서 이맘직은 예언자 무함마드 사후 무슬림 공동체의 최고직임을 의미한다. 그는 과실 없는 지도자이며 종교문제를 해결하는 유일한 성직자이기도 하다.

이맘의 의미와 특징

이맘은 쿠란에서 단수로 7번 복수로 5번 사용되었다. 그 의미는 '신의 빛' '신의 증인' '지식의 사람' '계시' '모델' '지도자' 등의 뜻으로 사용되었다. 시아파 이슬람에서 이맘직의 핵심은 이슬람 세계의 최고의 통치자로서 알리의 후손이어야 한다. 그 이유는 예언자 무함마드가 알리에게 계시한 이슬람의 모든 비밀은 그 혈통에게만 계시된다고 믿고 있기 때문이다.

자이드파와 이스마일파가 갈라지면서 이맘에 대한 개념은 더욱 자세히 정립되었다. 시아파 이슬람의 주류를 이루는 열두 이맘파에서 이맘의 특성은 다음과 같다.

첫째, 세상은 신의 증거인 이맘 없이는 잠시도 존재할 수 없다.

둘째, 어느 시대든지 한 사람의 이맘이 존재한다. 숨어 있는 이맘일지라도 예언자의 지식을 계승한 자가 반드시 존재한다.

셋째, 인간이 행복에 도달할 수 있는 모든 지식이 예언자 무함마드에게 주어졌고 무함마드 사후 그 모든 지식은 이맘에게 전해졌다.

넷째, 이맘은 예언자적 영혼을 가지고 있으며 예언자가 없을 때 그 기능을 수행하여 사람들에게 전달할 의무가 있다.

시간이 지나면서 반(牛)신격화된 이맘의 위상은 점차 죄와 실수로부터도 보호받았으며, 행동에 오류가 없는 완벽한 모습으로 변해갔다. 그뿐 아니라 기적의 능력도 갖게 되었고, 인간의 죄를 용서하기 위해 신에게 중보(中保)할 능력도 갖게 되었다. 이 능력에 대한 개념이 점차 발전되어 기독교의 예수 그리스도가 갖는 중재자의 역할과 거의 동일시되고 있다.

그러나 이맘이 죄도 짓지 않고 실수를 범하지도 않는 무(無)오류성을 갖는다는 시아파 이슬람의 원리는 많은 논란을 불러일으켰다. 수니파에서는 마지막 선지자인 무함마드도 계시를 시작한 이후부터 무오류성을 가지기 시작하여서 죄를 범하지 않았지만 사소한 작은 죄들은 범했다고 믿고 있다. 그러나 무함마드로부터 시작되는 이맘의 혈통들은 어떠한 죄도 범하지 않았고 실수도 하지 않았다고 주장하는 시아파는 무함마드가 계시를 시작하기 전부터 어떠한 죄와 실수도 범하지 않았다는 원천적 선함을 주장하여 교리적 논란을 불러일으켰다.

그러나 역사에서 시아파 이슬람은 소수파이자 약자였다. 시아파 이슬람의 최고 통치자이자 최고 종교지도자인 이맘은 계속적으로 수니파 이슬람의 박해를 받아왔으며 대부분 숨어 지내거나 반란을 일으키다가 죽임을 당했다. 마지막 열두 번째 이맘만이 어릴 적에 사라져서 그들의 마지막 구세주로서 희망을 주고 있다.

시아파와 수니파에서 이맘의 차이

시아파와 수니파에서 말하는 이맘에 대한 의미 차이는 크게 세 가지로 분류해볼 수 있다.

첫째, 시아파 무슬림들은 '이맘은 신에 의해서 선택된다'는 믿음을 가지고 있다. 신은 예언자를 선택했고, 그의 혈통에게 통치권을 수여했다고 믿는다. 하지만 수니파 무슬림들은 이맘, 즉 칼리프는 무슬림 원로들의 회의에서 선택되거나 이전 칼리프에 의해 지명된다고 믿는다. 실제로 수니파 무슬림들이 정통 칼리프로 생각하는 아부 바크르, 오마르, 우

스만, 알리는 원로들의 회의를 통해 선택되었고, 이후 수니
파 무슬림 세계는 칼리프들에 의해 지명되거나 혈통세습 되
었다.

둘째, 시아파 무슬림은 이맘은 나면서부터 죄가 없다고
믿고 있으며 그의 권위나 능력은 신으로부터 부여받았기 때
문에 어떠한 오류도 없다고 믿고 있다. 그래서 이들은 이맘
을 성인처럼 숭배하고 그들의 무덤이나 기념 모스크에 복을
기원하기 위해 찾아가서 손을 대고 예물을 드리며 기도한다.
반면 수니파 무슬림들은 이맘, 즉 칼리프도 얼마든지 죄를
지을 수 있고 폭군도 될 수 있지만 이들의 권위에 복종하여
이슬람을 유지시키기 위해 폭동을 조장하지 않는다.

셋째, 이맘의 완벽한 능력이다. 지식, 용기, 지혜, 긍휼, 신
성함, 알라에 대한 사랑 등 인간이 가질 수 있는 모든 능력을
두루 갖춘 완벽함이다. 그러나 수니파에서의 칼리프는 한낱
인간에 불과하지만, 일반인보다 뛰어난 능력으로 칼리프직
을 수행한다고 생각한다.

이맘들뿐만 아니라 초기 무함마드의 동료들에 대한 시아
파와 수니파의 시각도 분명하게 차이가 있다. 시아파 무슬림
들은 무함마드의 동료들에 대한 증오심을 가지고 있다. 이
증오심은 무함마드의 언행의 기록 즉 하디스(Hadith)에 대
한 신뢰도 차이를 만들었다. 정통 칼리프라고 불리는 네 명

중 알리를 제외한 세 사람 즉 아부 바크르, 오마르, 우스만과 무함마드의 부인들 중 아이샤 등 초기 무함마드의 동료들이 이야기하는 선지자의 삶과 영적 행동들에 대한 전통을 신뢰하지 않는다.

수니파가 인정하는 하디스는 총 6권으로 『사히흐 알 부하리(Sahih al-Bukhari)』『사히흐 무슬림(Sahih Muslim)』『수난 아부 다우드(Sunan Abu Dawood)』『자미아트 티르미디(Jami'at-Tirmidhi)』『알 수난 알 수그라(Al-Sunan al-Sughra)』『수난 이븐 마자(Sunan ibn Majah)』이다. 그러나 시아파 무슬림들은 자신들만의 4권의 하디스, 『키탑 알 카피(Kitab al-Kafi)』『맘 라 야흐두루후 알 파키(Man la yahduruhu al-Faqih)』『타흐딥 알 아흐캄(Tahdhib al-Ahkam)』『알 이스팁사르(Al-Istibsar)』를 가지고 있다. 이러한 교리적 차이는 자연스럽게 두 정파 간에 종교적 차이도 초래했다. 그 차이는 순례와 단식, 기도 등 세세한 부분까지 영향을 미쳤다. 이런 차이에도 불구하고 시아파와 수니파는 이슬람의 쿠란과 주요 믿음의 원리를 공유하고 있다.

그러나 오랫동안 수니파 무슬림들로부터 차별과 핍박을 받아온 시아파 무슬림들의 상처는 쉽게 아물지 않고 있다. 시아파와 수니파가 함께 거주하는 이라크나 사우디, 바레인, 이란 같은 곳에서는 피지배세력에 대한 지배세력의 차별과 핍박이 지금도 존재하고 있다. 여전히 많은 수니파 성직자들은 아직도 시아파를 이단으로 여기고 있다.

종말론

시아파 무슬림들과 함께 살면서 경험한 특징 중 하나가 시아파는 수니파에 비해 상대적으로 죽음과 밀접한 종교라는 것이다. 죽은 이맘들을 순교자로 칭하며 숭배하고, 그들의 무덤을 정기적으로 순례한다. 이맘들과 이맘 친척들의 무덤을 '이맘자데(Imamzadeh)'라는 모스크로 만들어서 그들을 추모하고 숭배함으로 자신들의 신앙심을 표현하고 현세와 내세의 복을 기원한다. 가장 큰 종교적 절기인 아슈라(Ashura)에도 후세인과 그 가솔들의 죽음을 애통해하며 불의에 대한 저항정신을 되새기기도 하고 자신들의 죄를 용서받으려 하기도 한다(아슈라 부분에서 부연 설명). 시아파 이슬람(열두 이맘파)의 종주국인 이란에서 대부분의 공휴일은 이맘들의 죽음과 관련 있는 날이다.

시아파 무슬림들은 이슬람 역사 속에서 늘 박해받아왔던 소수였기 때문에 자신들의 믿음과 종교적 관례를 마음대로 표현할 수 없었다. 이들은 자신의 암울한 현실을 극복하는 방법으로 중재자 이맘의 무덤을 다니면서 자신들의 현실적 아픔을 동일한 핍박으로 죽은 예언자 혈통인 이맘의 아픔과 동일시하며 함께 애통해하고 아파했다. 또한 신과 인간의 중재자인 그들을 섬기며 신성시함으로써 신으로부터 복을 구했으며 숨은 이맘의 도래를 기다리며 새로운 세상을 갈망했던 것이다.

마흐디즘: 숨은 이맘 사상

시아파 종말론의 핵심은 숨겨진 마지막 열두 번째 이맘인 마흐디의 재림이다. 이 재림사상은 시아파 이슬람에서 종말론적 세계관의 중심으로 자리 잡았다. 인도자라 불리는 무함마드 알 문타자르(알 마흐디)에 대한 역사는 신비롭고 기적적인 모습이다. 868년에 태어난 알 마흐디는 아버지이자 11대 이맘인 하산 알 아스카리가 자신이 일곱 살 되던 해(874)에 죽으면서 12대 이맘으로 등극하고, 바로 사라졌다고 전해진다.

시아파 무슬림들은 그가 현재 이라크 사마라에 있는 모스크 아래 동굴에서 모습을 감추었으며, 이 동굴은 밥 알-가이바 즉 '은폐의 문'으로 불리는 문에 의해 봉인되었다고 믿는다. 이런 이유로 사마라의 모스크는 시아파 무슬림들에게 가장 성스러운 장소 중 한 곳이 되었고 지금도 신실한 시아파 무슬림들은 이곳에 모여서 열두 번째 이맘이 속히 나타나기를 기다리며 기도하고 있다.

숨겨진 이맘에 대한 중심 교리는 '은폐'와 '재림'의 원리이다. '은폐'에 대한 믿음은 신이 무함마드 알 마흐디의 목숨을 보전하기 위해서 사람들의 눈에서 숨겼다는 것을 믿는 믿음이다. 수니파 무슬림의 계속되는 박해와 위협으로부터 보호하기 위해 알라가 그가 없어진 874년 이후로 그의 생명을 계속 보호하고 있다고 믿고 있다. 결국에는 알라가 마흐디를 세상에 다시 보낼 것이고, 이 재림을 통해 인간을 생명의 길로 인도할 것이라 믿는 것이 이들의 재림신앙이다.

은폐는 '소(小)은폐기'와 '대(大)은폐기' 두 단계로 나뉘어 있다. 소은폐기 동안은 그의 대리자를 통해서 인간과 지속적인 의사소통을 하였다. 단지 몸만 숨겨진 상태에서 영적인 지도력이나 빛으로 인도하는 리더십 등은 그의 대리자들을 통해서 그대로 행사되었다. 이 기간은 네 명의 대리자를 거치면서 70여 년간 지속되었다. 그러나 수니파 무슬림 정권의 위협이 심해지면서 은폐의 단계는 대은폐기로 들어가고 지금에 이르고 있다.

대은폐기가 되면서 인간과 직접적인 의사소통은 없어졌지만 여전히 영적 리더로서의 지위를 가진다. 그러나 이 시기는 시아파 무슬림들의 입장에서는 영적으로 비극적 시기이다. 열두 번째 이맘은 세상 빛의 중심이었지만 은폐기에는 이 빛이 가려져 있어 인간에게는 암흑기를 의미한다. 시아파의 세계관으로는 비극적인 시기이자 이맘을 그리워하는 시기이다. 시아파 무슬림들은 이들을 구원으로 인도할 마지막 이맘이 속히 오기를 지속적으로 갈망한다.

그러나 이들은 숨은 이맘이 결국 그의 은폐에서 벗어나 세상에 나타날 것으로 믿는다. 그의 나타남은 신실한 신자들에게는 미래에 일어날 가장 중요한 사건이다. 이 재림은 세상 말기에 마지막 심판이 행해지기 직전에 올 것으로 예상된다. 이 재림을 통해 마흐디는 악을 심판하는 정의의 군대 선두에 서서, 악에 대항한 모든 전쟁에서 승리를 거둘 것이고, 그 후 그는 세상에서 가장 완벽한 이슬람 제국을 건설해서 몇 년간 그 나라를 다스릴 것이고 그 후 자연사할 것으로 기록되어 있다. 이때 가장 흥미로운 점은 마흐디가 오기 전에 예수 그리스도가 미리 와서 마흐디를 돕는다는 설이다. 기독교의 핵심 교리인 십자가 위에서 인류를 위해 대신 죽는 대속(代贖)과 하나님의 아들로 이 땅에 오신 예수의 신성을 부정하는 이슬람 안에서 예수 그리스도가 어떠한 역할을 하는지 명확하게 볼 수 있는 대목이다.

사실 시아파의 구세주인 마흐디라는 이름은 쿠란에는 언급되지 않는 이름이다. 시아파 이슬람의 하디스에도 네 번

정도 언급되었을 뿐이다. 그럼 어떻게 이런 종말론이 구체화되었을까? 그것은 이슬람 이전에 아라비아 지역에 있던 유대교와 기독교의 종말론과 메시아관에서 영향을 받은 것이라는 것이 많은 학자들의 의견이다. 예수 그리스도의 재림과 심판의 사상이 당시에도 이미 중동 지역에 널리 알려져 있었음은 주지의 사실이다. 또한 페르시아 지역의 특수성을 생각할 수 있다. 사산조 페르시아의 국교였던 조로아스터교의 종말론과 페르시아 지역에서 번성했던 마니교 같은 영지주의의 영향 등으로 그들의 종말론을 구체화해갔을 것으로 추정하고 있다.

시아파에서는 940년 이후 지금까지 '대은폐기' 기간이 지속되고 있다고 보고 있다. '대은폐기' 동안 직접적으로 마흐디와 의사소통하는 사람이 없기 때문에 이슬람의 가르침을 상세히 알고 있는 고위 성직자들이 지도권을 행사하는 것을 가장 이상적으로 여긴다. 이 사상은 이란의 아야톨라 호메이니에 의해 '벨리야테 파키(Velayat-e-Faqih: 이슬람 법학자 통치론 Guardianship of the Islamic Jurist)'로 구체화되었고, 1979년 혁명을 통해 지금의 이란 정부 형태의 모판이 되는 정치종교이론이 되었다.

완전히 이슬람화된 새로운 시대에 대한 희망을 심어주는 마흐디즘(Mahdism)은 많은 나라에 혁명의 단초를 제공하였다. 이슬람 역사 속에서 수니파 정권에 대항하여 일어났던 많은 반란은 카르발라 사건의 주인공인 후세인의 저항정신과 마지막 이맘의 재림사상을 중심이론으로 발생했다. 19세기 후반, 수단에서는 무함마드 아흐마드라는 사람이 구세주 마흐디를 칭하며 반란을 일으킨 적이 있다. 그는 1881년 이집트의 지배에 저항하여 반란을 일으켰고 수차례의 승리를 통해 1898년까지 약 20년간 실제 마흐디 국가를 수립하기도 했다.

이슬람 법학자 통치론: 벨리야테 파키

이맘에게 특별한 능력과 권위를 부여하는 시아파에서 이맘은 최고 종교 권력자일 뿐만 아니라 정치적으로도 최고의 권력을 가진 사람이다. 수니파에서 정치지도자 칼리프와 종교지도자가 나뉘어졌던 것과는 다른 특징이다.

정치와 종교 최고 지도자로서의 이맘에 대한 권위이론은 열두 번째 이맘의 은폐와 그에 따른 권력 공백으로 인해 점차 정교화·구체화되었다. 이맘의 은폐기 동안 누가 그 권력을 행사하느냐는 새로운 문제였다. 소은폐기 동안은 대리자가 명확하였기 때문에 큰 문제가 되지 않았지만 대은폐기에 접어들면서 이 권력이 누구에게 가느냐는 중요한 관심사가 되었다. 그러나 역사적으로 열두 이맘파의 시아파 성직자들은 세속정권의 권위에 순종하며 지냈고 정권의 뜻을 따랐다.

그러나 이란 이슬람 혁명은 소극적이고 순응적인 열두 이맘파 다수의 성직자들의 생각을 일거에 무너뜨리며 새로운 통치이론을 내세웠다. 그것이 바로 호메이니의 '이슬람 법학자 통치론' 즉 '벨리야테 파키'이다. 이 이론은 철저히 시아파 이슬람 종말론에 근거한 신정정치 개념이다. 각 세대마다 있는 숨은 이맘의 대리자로 가장 적합한 사람이 바로 파키(이슬람 법학자)라는 주장이다. 곧 그들에 의해 다스려지는 정부가 가장 숨은 이맘 뜻에 맞는 국가라는 것이다.

호메이니는 비(非)무슬림들이 만든 독단적이고 불평등과 무질서만 만들어내는 세속적인 인간법에 의한 통치를 거부했다. 그는 안정, 정의, 질서를 보장하는 이성과 계시에 기반한 신성한 이슬람법에 기초한 사회를 원했다. 호메이니에 따르면 신성한 이 법은 마지막 예언자인 무함마드가 그의 후손인 이맘들에게 위임한 법이다. 열두 번째 이맘이 은폐를 시작한 후에 알라는 더욱 인간의 이성을 발달시켰고 이 법을 올바르게 해석하고 실행할 수 있도록 하였다. 즉 이맘에게 위임된 이 법을 파키들도 올바르게 해석하고 판단할 수 있다고 주장했다. 그는 국가는 마치 인도자에게 인도되는 어린아이 같다고 설명했다. 올바른 인도자가 있어야 어린이가 바로 성장하듯이 나라도 올바른 인도자를 필요로 한다고 주장했다.

이슬람 혁명의 핵심 인사들은 아래와 같은 시아파 이슬람의 전통을 언급하며 파키 즉 성직자인 울라마(Ulama)에 의한 통치를 정당화했다.

믿는 자들의 지도자 알리는 기록하기를, 위대한 예언자는 세 번이나 말씀하셨다. "오! 알라여! 나를 계승할 자들을 불쌍히 여겨주십시오." 나는 그분께 여쭤보았다. "오! 하늘의 선지자여! 당신을 계승할 자들이 누구입니까?" 그는 말씀하시기를 "내 뒤에 나를 따를 자들은 나의 전통을 준행하며 사람들에게 가르쳐 지키게 할 자들이다."라고 확증하셨다.

호메이니는 여기에 6대 이맘인 자파르 알 사딕의 말을 덧붙였다.

울라마는 예언자들과 이맘들의 상속자들이다. 그들은 울라마에게 하찮은 것을 남긴 것이 아니라 영적이고 종교적인 고귀한 지식을 남겨주었다.

호메이니의 이 이론은 혁명 이후 구체화되어 국가행정에 현실화되었다. 이란 헌법 제5조는 '현세의 주인(숨은 이맘)이

은폐한 동안 국민을 통치하고 이끄는 과업은 공정하고 독실한 파키, 울라마에게 위임된다'고 명시하고 있으며 이맘에게 주었던 거의 모든 권력을 파키들에게 위임했다.

지금 현재 이란을 실질적으로 지배하고 있는 사람은 대통령이 아니라 헌법수호위원회를 이끌고 있는 최고 종교지도자이다. 이슬람 법학자이자 성직자인 파키들로 구성된 12명의 헌법수호위원회(혹은 혁명수호위원회)는 현재 이란을 지배하고 다스리는 최고 권력기관이 되었다.

이란 시아파의 정치화

1979년의 이슬람 혁명은 갑자기 일어난 혁명이 아니다. 모든 혁명이 그렇듯 오랜 기간 혁명 분위기가 숙성되었고 핵심 인물의 지도하에 민중 사이에 널리 퍼진 공유된 믿음이 있었기에 가능한 것이었다. 이란 이슬람 혁명의 가장 핵심 인물은 '혁명의 아버지'로 세계가 인정하는 아야톨라 호메이니이다. 이외에도 그를 지지하는 수많은 시아파 성직자들과 시아 이슬람이라는 믿음을 공유하는 이란인들이 있었기에 가능한 것이었다.

1501년 사파비 왕조가 시아파를 국교로 선포한 이래 이란에서 시아파 이슬람은 공식적으로 뿌리내리고 발전하기 시작하였다. 500년에 걸친 기간 동안 시아파 이슬람은 이란인들 삶에 스며들었으며, 성직자들은 여러 정권을 거치면서 정치적·사회적·재정적 힘을 갖게 되었다. 오랫동안 쌓인 사회적 배경이 이슬람 혁명의 기반이 되었다.

그렇다면 이란에서 시아파 이슬람의 토착화·정치화 과정은 어떻게 진행되었을까?

이란인들의 3대 이맘 후세인에 대한 마음은 각별하다. 물론 유일하게 이란 마샤드에 무덤이 있는 8대 이맘인 레자에 대한 사랑과 열망도 대단하다. 그러나 실질적으로 시아파 성립에 결정적 역할을 한 카르발라 사건의 주인공 후세인에 대한 사랑을 뛰어넘을 수 없다. 특히 후세인의 부인은 사산조 페르시아의 마지막 왕 야즈드게르드(Yazdgerd) 3세의 딸 샤흐르바누(Shahrbanou) 공주이다. 그래서 더 이란인들은 시아 이슬람에 대한 남다른 애착을 보인다.

사실 몇몇 이란인들의 시아파 이슬람에 대한 충성은 3대 이맘 후세인과의 인연 훨씬 이전이다. 살만(Salman)이라는 무함마드의 이란인 동료는 1대 이맘 알리의 칼리프 추대를 적극적으로 지원했다. 2대 칼리프 오마르를 암살한 사람도 페르시아인, 즉 이란인으로 알려졌다. 이란인들은 이슬람의 아랍화를 추진하고 비아랍 민족을 차별한 오마르와 그의 친족들이 세운 우마이야 왕조를 경멸했다. 이란인들은 우마이야 왕조가 무함마드가 자신들에게 전해준 '알라의 계시' '신 앞에 평등'이라는 정신을 타락시켰다고 생각했다. 이들은 우마이야 왕조의 칼리프 대신 무함마드의 혈통인 이맘들에게 관심과 사랑을 더 키웠다.

그러나 초기 이슬람 역사에서 몇몇 이란인들이 이맘들과 시아파에 관심을 가지고 있었다고 해도 실제적으로 다수의 이란인들이 시아파 이슬람을 믿고 따랐던 것은 16세기 사파비 왕조가 들어서면서부터이다. 사파비 왕조를 세운 이스마일 1세는 자신을 7대 이맘의 후손으로 소개하며 시아파 이슬람을 국교로 결정했다. 사파비 왕조의 왕들은 레바논과 이라크 등 당시 시아파 신학이 번성했던 지역에서 시아파 성직자들을 초빙하고 시아파 신학교를 만들어 시아파 성직자들을 양성했다.

이렇게 교육받은 시아파 성직자들은 교육자와 법관으로 채용되었다. 대부분의 교육을 마드레세(Madrese)라고 불리는 종교학교에서 진행했기 때문에 성직자들은 선생님이 되었다. 마드레세에 다니는 아이들뿐만 아니라 그들의 부모님에게 존경받는, 그리고 영향력을 미치는 사회지도층이 되었다. 또한 이슬람 법에 의해서 법원이 운영되면서 이슬람 법에 능통한 성직자들이 판사와 변호사의 역할을 했다. 사회정의의 판단이 성직자의 몫이 되었다. 그뿐 아니라 본연의 임무인 성직자로서 모스크에서 이란인들의 영적인 삶을 책임졌다. 이들은 공동체의 영적·사회적·정치적 필요를 채우는 가장 영향력 있는 사람으로 자리매김했다.

시아파 성직자들의 사회 영향력이 증가하면서 이들을 자신의 권위 아래 두려는 왕들은 시아파 성직자들에게 땅과 재물, 건물을 수여하고 세금 감면 혜택 등의 특혜를 제공해 주었다. 이로 인해 사파비 왕조에서 시아파 성직자들을 통해 민간에 시아파가 뿌리내리게 되었고 시아파 성직자들의 재정독립성이 강화되었다.

사회가 더욱 시아 이슬람화되면서 시아파의 종말론인 숨겨진 열두 번째 이맘에 대한 애도와 기다림이 더해져갔다. 숨겨진 이맘에 대한 대리인으로서 성직자의 위상 또한 높아져갔다. 이들은 사회적 위상뿐만 아니라 신학적 위상을 높이기 위해 연구에 집중했고 시아파 신학을 대표하는 우술리(Usuli) 학파와 아크바리(Akhbari) 학파가 등장한다.

우술리 학파는 성직자들이 자신들의 이성을 이용하여 쿠란을 해석할 수 있다고 주장했다. 거룩한 경전이자 무슬림들의 삶을 지배하는 쿠란을 해석하는 성직자들은 정치적·사회적 특권을 누릴 수밖에 없다. 반면, 아크바리 학파는 쿠란은 어떤 경우에도 해석될 수 없으며 문자 그대로 적용되어야 한다는 전통주의적 입장을 고수했다. 이 주장을 따르면 성직자들은 어떤 종교적·정치적 특권도 누릴 수 없다.

17세기부터 19세기까지 첨예한 대립과 끊임없는 논쟁을 하던 두 학파의 경쟁은 결국 우술리 학파의 승리로 막을 내리고 19세기 이후에 본격적으로 성직자들의 정치 참여가 이루어진다. 이미 사파비 왕조를 통해 재정적 독립성을 이룬 성직자들은 카자르(Qazar dynasty: 1796~1925) 왕조 시기에 정치적 권력을 얻게 된다. 이러한 성직자들의 정치 참여는 20세기 초에 불의한 왕권에 도전한 '입헌혁명'을 성공하는 중요한 요인이 되었고 결국 '2차 입헌혁명'이라고 불릴 만한 1979년 이슬람 혁명 성공에 핵심적 역할을 한다.

권력자가 되고 있는 시아파 성직자는 어떻게 되며 성직계급은 어떻게 나뉘어 있을까?

일단 성직자가 되기 위해서는 신학교를 졸업해야 한다. 가장 유명한 시아파 신학교는 이라크 나자프와 이란의 콤에 대부분 위치해 있다. 특히 콤은 이란 신학교의 90퍼센트 이상이 위치한 시아파 신학의 중심지라 불릴 만하다. 이곳에서 신학생들은 수년간 유명 성직자들의 수업을 들어야 한다. 이들은 설교학, 웅변학(이 두 가지를 이수해야 모스크에서 설교를 할 수 있다), 신학, 철학, 이슬람 법학, 논리학, 문학, 무함마드의 언행록 등을 공부한다. 신학교 이수 과정을 마치고 이 모든 학문에 능통하여 스승으로부터 인정을 받으면 비로소 울라마(Ulama)라고 불리는 성직자가 된다. 과정을 이수하지 못한 탈락자나 신학교 학생은 가장 낮은 성직 계급을 형성한다. 가장 하위 계급 성직자들은 지역사회의 결혼예식부터 장례식까지 자잘한 공공 예배를 인도한다.

고위 성직자가 되기 위해서는 스승이 누구인지 누구에게 사사받았는지도 굉장히 중요하다. 곁에서 지적 발전을 도와준 스승의 명성이 제자의 명성에 영향을 미친다. 연구 업적과 이슬람 법을 해석한 출판물, 추종자들의 규모 등도 고위 성직자가 되는 중요한 판단 기준이 된다.

일반적으로 신학교를 졸업하면 '울라마'의 칭호를 얻는다. 그 위에는 이즈티하드(ijtihad: 이슬람 율법 해석권)를 행사하는 '무즈타히드(mujtahid)'가 있다. 이즈티하드는 앞에서 언급한 대로 우슬리 학파가 득세하면서 성직자에게 생긴 쿠란을 해석할 수 있는 특권이다. 무즈타히드 중에서 학문적 업적과 영향력이 더 쌓이게 되면 '호자톨 이슬람(hojjat al-Islam: 이슬람의 증거)'의 지위에 오른다. 호자톨 이슬람 중에서 더 큰 존경을 얻고 업적을 쌓으면 다시 '아야톨라(ayatollah: 신의 증표)'라는 직함을 받게 된다. 가장 높은 성직 계급인 아야톨라 중에서도 최상위의 최고 성직자는 '마르자에 타클리드(marja-e taqlid: 모방의 원천)'이다.

마르자에 타클리드는 이름 그대로 모든 시아파 무슬림들이 따르고 모방해야 할 가장 뛰어난 성직자라는 말이다. 그가 내리는 법적 해석인 파트와(fatwa)는 모든 열두 이맘과 무슬림들이 존중하고 지켜야 하는 명령이다. 세계적으로 가장 잘 알려진 대표적인 파트와가 아야톨라 호메이니가 이슬람을 희화화하고 무함마드의 부인들을 창녀로 묘사한 소설 『악마의 시』를 쓴 살만 루시디(Salman Rushdie) 처형을 명령한 것이다. 호메이니가 이 파트와를 취소하지 않고 죽었기 때문에 여전히 유효한 파트와로 아직도 살만 루시디는 생명의 위협을 느끼며 살아가고 있다.

시아파의 주요 관습

아슈라

매년 무하람 달(이슬람력으로 1월)이면 이란을 포함한 모든 시아파 이슬람 국가의 마을과 거리는 가슴 깊은 곳에서 나오는 애통의 신음 소리로 가득하다. 무하람 달 1일부터 10일까지 시아파 이슬람의 가장 큰 종교 절기인 아슈라(Ashura)가 시작되었음을 의미한다.

아슈라는 아랍어로 10일을 나타내는 말로 후세인과 그의 식솔들이 카르발라에서 죽임을 당한 날이다. 아슈라는 이슬람력으로 1월 10일을 뜻하지만 그날 하루만의 절기가 아니다. 3대 이맘인 후세인이 우마이야조 칼리프 야지드의 군대에게 포위되기 시작한 1일부터 죽임을 당한 10일까지 열흘의 기간이 모두 아슈라 절기이다.

이란에서 공식 휴일은 9일과 10일 이틀이다. 9일은 후세인의 사촌이자 용맹한 장군 압바스가 죽임을 당한 날로 그를 기념하는 타수아(Tasua)이다. 압바스는 당시 적들이 이름만 들어도 힘을 못 쓸 정도로 용맹하고 위대한 장군이었다. 680년 무하람 달 우마이야조의 야지드 군대에게 포위되어 9일 동안 물과 음식을 공급받지 못한 후세인 일행은 죽기 일보 직전의 상황이었다. 이때 압바스는 적진에 혈혈단신 뛰어들어 자신의 손을 잘라 적군에게 내어주고 9일 동안 물 없이 굶주린 가족들에게 물을 가져다준다. 압바스는 아볼파즐(Abolfazle)이라는 이름으로도 불리는 시아파 이슬람의 성인으로 자신의 가장 소중한 전쟁에 필요한 팔을 잘라 희생하여 후세인 일행에게 가장 필요한 물 즉 '타인의 필요'를 채워주는 모범을 보인다. 이 일로 인해 이란 사람들은 자신의 소망 성취를 위해 아볼파즐 즉 압바스의 힘을 빌리기를 바란다. 특히 아슈라 기간에 이란 전역에 걸리는 손바닥 모양의 깃발이 나부낀다. 이 다섯 손가락의 손바닥은 시아파 이슬람의 5대 성인인 무함마드, 알리, 파티마, 하산, 후세인을 의미하기도 하지만 소원을 들어주는 '압바스의 손'을 암시하기도

한다. 이란인들 사이에는 압바스에게 기도하면 모든 소원을 들어준다는 민간신앙이 널리 퍼져 있다.

아슈라 기간인 열흘 동안 각 지역 모스크에서는 수많은 시아파 무슬림들이 모여 후세인과 그 일가의 죽음을 애통해 하며 소리 높여 울부짖는다. 이 열흘은 시아파 무슬림으로 자신들의 정체성을 되새기는 종교적으로 가장 중요한 기간 이다. 수니파에는 없는 절기이지만 시아파에서는 라마단 달 (이슬람력 9월, 이슬람의 다섯 가지 주요 규례 중 하나로 한 달간 해가 있을 동안 금식하는 달) 금식보다 더 중요한 영적인 애도 기간 이다. 이 기간 동안 대부분의 시아파 무슬림들은 자신의 일 을 마치면 집이 아닌 모스크로 향한다. 이란 일반 무슬림들 의 신앙생활로 비교해볼 때 이는 매우 이례적인 일이다. 대 부분의 이란인들은 예배하는 날인 금요일에도 금요 예배를 위해 모스크에 잘 가지 않는다. 반면 수니파 무슬림들은 거 의 대부분이 금요일마다 모스크에 가서 예배를 드린다.

아슈라 기간 동안 모스크 혹은 큰 애도 장소에는 목소리 좋은 성직자나 무슬림 한 사람이 후세인의 마지막 열흘 간 의 이야기를 감정을 이입해서 들려준다. 어찌 들으면 시를 읊는 듯도 하고 어찌 들으면 노래를 하는 것 같기도 하다. 마 치 한 편의 모노드라마를 보는 것 같다. 이들의 운율과 감정 이 들어 있는 이야기를 듣는 시아파 무슬림들은 때로는 안타까워하고 때로는 분노하며 자신을 카르발라 사건의 중심에 있는 것처럼 동일화시킨다. 마침내 후세인이 죽는 시점에서는 자신의 가슴을 손으로 치고 애통해하며 큰소리로 울부짖는다. 이들은 이야기가 끝이 나면 거리로 나와 쇠사슬이나 날이 무딘 칼이 달려 있는 채찍 혹은 야자열매 가지로 자신의 가슴과 등을 치며 비통함을 나타낸다.

무하람 달 1일부터 9일까지 매일 밤 이 의식을 진행하면서 이들은 후세인의 순교 의미를 되새기고 죽음을 예감하고도 정의를 위해 그 길을 택한 의로운 후세인을 기념하고 그의 희생을 닮고자 한다.

각 지역 모스크에서 개별적으로 진행되던 아슈라 행사에 참여하였다가 10일째 되는 마지막 날, 도시에서 가장 큰 모스크나 광장 등의 넓은 장소에 모여 함께 아슈라의 핵심인 후세인이 죽음을 맞이하는 수난극에 참여한다. 이란어로는 타지예(Taziyeh)라고 부르는 수난극은 아슈라의 행사의 클라이맥스다.

대도시에서는 감독의 지도 아래 화려한 무대장치를 배경으로 전문 배우들이 이 수난극을 연기하기도 한다. 후세인의 고난과 죽음을 재연하는 한 편의 잘 짜인 뮤지컬 같은 공연이 펼쳐지기도 한다. 그러나 지방에서는 지역 무슬림들이 자발적으로 준비하여 직접 이 수난극에 참여한다. 이 수난극은 카르발라 사건 즉 후세인의 죽음 이후에 계속 이어져 내려오는 시아파의 전통공연이 되었다.

시아파 무슬림들은 그 어떤 종교적 규례나 절기보다 아슈라를 가장 성스럽고 경건하게 지킨다. 그 이유는 아슈라에 참석함으로 자신의 죄를 용서받을 수 있다고 믿기 때문이다. 시아파 무슬림들 사이에 "이맘 후세인을 위해 흘린 눈물 한 방울은 100가지 죄를 씻어준다" 혹은 "후세인을 위해 눈물을 흘리고 애도하는 사람들은 낙원에 들어갈 수 있다" 등의 유명한 말들이 있다. 이들은 무슨 죄를 짓든지 후세인을 위해서 눈물을 흘리고 그의 죽음을 안타까워하면 용서받을 수 있는 특권이 있다고 믿기 때문에 더 열정적으로 아슈라를 지킨다.

특히 1979년의 이슬람 혁명에서 가장 즐겨 사용했던 말이 "매일이 아슈라이고 모든 곳이 카르발라이다"라는 구절이다. 카르발라 사건이 갖는 저항과 순교의 의미를 알고 있는 시아파 무슬림들에게 이 말은 혁명에 참여하라는 어떤 말보다 더 큰 동기 부여가 되었다. 후세인이 불의의 상징인 야지드에게 굴복하지 않고 죽기까지 저항한 것을 잘 알고 있는 이란 시아파 무슬림들은 호메이니를 현대판 후세인으로 팔레비 왕은 야지드로 동일시하여 저항에 적극적으로 참여했다.

몇몇 서구의 학자들은 아슈라를 다른 시각으로도 바라본

다. 이란계 미국인인 이란 전문가 발리 나스르(Vali Nasr)는 그의 책 『시아파의 부활(The Shia Revival)』에서 아슈라의 의미와 의식들이 기독교의 사순절과 유사함을 언급한다. 고난의 시기와 죽음 그리고 부활을 기념하는 사순절이 9일간의 고난을 기념하고 10일째 애도식을 진행하는 아슈라와 일맥상통하고 있음을 보여준다고 주장한다. 기독교인이나 시아파 무슬림이나 죄 없이 고난 받고, 그 고통을 당당히 받아들이며 모두를 위해 자신을 희생하는 영적인 존재인 예수 그리스도와 이맘 후세인을 기념하고 있는 것이다. 이들의 희생은 시간과 공간을 초월하여 순교를 믿고 따르는 이들에게 세상을 변화시킬 새로운 공동체를 만들 수 있는 힘의 근원이 되고 있다.

시아 이슬람의 박해와 타키야

이란에서 생활하다 보면 이란인들이 의도적이든 아니든 거짓말을 많이 한다는 사실을 금방 알게 된다. 이란인들에게 애정을 갖고 깊이 교류하는 외국인들은 언제부터 어떻게 해서 이들에게 거짓말을 하는 습관이 생겨났는지 의문을 갖고 고민한다. 여러 가지 역사적 가능성을 찾아볼 수 있지만 이들이 신봉하는 시아파 이슬람의 교리 '타키야(Taqiyya: 믿음의 가장)'를 보면 어렴풋이 이해가 가기도 한다.

쿠란의 가르침 중 생명과 명예 그리고 재산의 위협이 있을 때에 자신의 믿음을 숨기는 것이 허용되고 있다. 이것이 시간이 지나면서 종교적으로 교리화되고 습관화되면서 타키야라는 용어로 사용되기 시작했다. 이것은 단순히 시아파만의 교리로 시작된 것이 아니라 이슬람 초기 무슬림들이 이교도들에게 위협을 받을 경우 자신과 공동체를 보호하기 위한 것으로 사용되기 시작했다.

그러나 종교적 교리로 시아파에서 더 발전되고 정착되었다. 우마이야 왕조와 압바시야 왕조를 거치면서 시아파 무슬림들은 이교도뿐만 아니라 수니파 무슬림들에게 핍박과 생명의 위협을 받아왔다. 이런 핍박은 시아파 무슬림들의 타키야 활용을 더 정당화하였다.

시아파에 대한 수니파의 박해는 지속적이고 집요했다. 초기 칼리프들은 시아파의 신학적 일탈보다 정치적 위협을 더 걱정했다. 무함마드의 혈족들이 대중적 인기와 혈통적 정당성을 바탕으로 칼리프 통치의 정당성과 합법성을 문제 삼을 경우 정치적으로 심각한 위협이 되었다. 실제 압바시야 왕조의 칼리프 만수르(Mansur)의 통치 시에도 수도 바그다드에서 시아파에 의한 두 번의 반란이 일어났다.

우마이야 왕조와 압바시야 왕조를 거치면서 시아파 이맘들은 대부분 투옥되거나 살해당했고 수니파 성직자들은 시아파의 신학적 발전과 대중 선교를 억제했다. 10세기에 들어서면서 시아파에 대한 박해는 더 거세졌다. 수니파의 4대 법학파 중에 하나인 한발리파(Hanbali)가 앞장서서 바그다드의 시아파들을 몰아냈다. '이슬람의 정화'라는 미명하에 바그다드에 살던 시아파 무슬림들을 죽이거나 산 채로 불에 태우기도 했다. 이들은 시아파 모스크에 있는 사람과 아슈라를 행하고 있는 이들을 공격했다. 971년 로마가 압바시야 왕조를 공격했을 때에도 '시아파들이 모든 악의 근원'이라며 모든 책임을 시아파 무슬림들에게 전가하고 분풀이했다. 이러한 행동 양상은 수세기 동안 지속되었다. 이들은 매주 시아파 모스크와 이맘자데라고 불리는 이맘 가족들의 무덤을 중심으로 만든 모스크를 찾아가 '이슬람으로 개종하라'며 폭력을 행사했다.

11세기에 들어서면서 시아파의 핍박은 더 구체화되었다. 시아파 무슬림들은 수니파 무슬림들과 결혼을 하지도 못했으며 '진리를 거부한 자'로 낙인찍혀 무슬림으로 인정받지 못했다. 심지어 시아파 무슬림들이 도축한 고기는 정결치 못한 것으로 구별되어 수니파 무슬림들은 먹지도 않았다.

13세기 몽골의 침입으로 압바시야 왕조가 무너진 후에는 시아파에 대한 핍박이 오히려 더 심해졌다. 시아파를 증오하는 수니파의 한발리 법학파에 의해 완전한 이단으로 판결이 나고 기독교인이나 유대인보다 이슬람에 대해 더 위협적인 존재로 간주되었다.

이런 상황을 극복하고 살아남기 위해서 시아파 무슬림들은 자신들의 믿음을 위장해야 했다. 이 교리를 구체화시킨 것은 시아파 신학을 정립, 발전시킨 시아파 신학의 대부이자 6대 이맘인 자파르 알 사딕이다.

시아파 이슬람 역사 속에서도 타키야에 관한 많은 논란이 있었다. 모든 상황에 제한 없이 적용하여 거짓말을 하는 사람들도 있는 반면 위협적인 순간에도 자신의 믿음을 고수하는 근본주의적 신앙을 가진 무슬림도 있고, 상황에 따라 기준 없이 마음대로 타키야를 적용하는 사람들도 생겨나게 되었다.

그러나 다수의 시아파 무슬림이 결국 선택하게 된 것은 자신과 공동체의 생명과 재산, 명예를 지키기 위해서 자신의 신앙을 숨길 수 있다는 것을 선택했다. 이것을 비난하는 사람도 있지만 이들은 내적으로 신앙을 지키지 않고 외식하는 무슬림보다 내적으로는 굳은 믿음을 가지고 있지만 외적으로는 자신의 신앙을 숨기는 것이 더 신앙적이라고 결론을 내렸다.

그러나 근본적으로 위급하고 어려운 상황이지만 상황에 따라 자신의 신앙을 숨기고 거짓말을 하는 것을 이슬람의 교리로 허용되었다는 사실 자체만으로도 논란의 대상이다. 교리에 따라 정신과 육체를 지배하는 특수성을 가진 종교라는 영역에서 거짓이 허용되었다는 사실만으로도 논란이지만 적용하는 사람에 따라 천차만별이고 잘못 활용될 가능성을 늘 내포하고 있기 때문이다.

이맘과 이맘 가족 숭배

시아파 이슬람 지역을 여행하다 보면 수니파 이슬람 지역과는 다른 모스크를 보게 된다. 그것은 바로 모스크 안에 있는 무덤이다. 이맘 혹은 이맘과 가까운 친척들의 무덤을 중심으로 모스크를 만들기도 하고, 모스크 형태를 만들지 않을 경우 이들의 무덤(이맘자데)을 기도하는 처소로 만들어 사람들이 찾을 수 있도록 하였다.

시아파에서는 12명의 이맘과 무함마드 그리고 그의 딸 파티마를 포함한 총 14명은 죄가 없는 가장 고결한 인간으로 추앙받고 있다. 이들의 탄생일과 죽은 날은 특별히 기념하여 지키고 있다.

이란에서는 여러 이맘들의 탄생일 중에 특별히 메시아로 추앙받는 열두 번째 이맘의 생일을 가장 즐겨 기념한다. 자세히 이들의 모습을 살펴보면 기독교의 성탄절과 흡사하다. 거리마다 형형색색의 전구들로 장식을 하고 탄생일 전날 밤이면 가족들이 거리로 나와 전야제를 즐긴다. 도시마다 불꽃놀이가 열리고 거리에는 메시아 마흐디의 생일을 축하하고 자신들의 소원 성취를 기원하는 의미로 음식들을 나누어준다. 나즈르(Najr)라고 불리는 이 나눔은 이웃들에게 음료수부터 빵, '어시'라고 부르는 수프와 밥까지 거리마다 골목마다 이루어지는 것을 볼 수 있다. 죽음의 애도가 아닌 시아파 이슬람에서 종교적으로 즐기는 몇 안 되는 기쁨의 절기이다.

시아파에서 탄생일보다 더 중요한 것이 이맘의 죽음이다. 이맘들의 무덤은 주요 순례 지역이 되고 있다. 주요 성지로는 이라크 나자프의 1대 이맘 알리의 무덤, 카르발라의 3대 이맘 후세인 모스크, 바그다드의 7대 이맘 무사 알 카짐과 9대 이맘 무함마드 알 자와드 무덤, 사마라의 10대 이맘 알리 알 나키와 11대 이맘 하산 알 아스카리 무덤, 그리고 이란 마샤드에 있는 8대 이맘 알리 알 레자의 무덤 등이다.

이 14명 외에도 카르발라에 있는 후세인의 사촌 압바스의 무덤과 모스크 그리고 시리아 다마스쿠스에 있는 후세인의 누이 자이납의 무덤과 모스크는 시아파 형성에 중요한 역할을 했던 이맘의 친족들로 중요한 경배의 대상이 되고 있다. 그리고 이란의 콤에 있는 8대 이맘 레자의 여동생 파티마의 무덤 역시 수많은 시아파 무슬림들의 순례 여정지로 꼽히고 있다.

특히 이맘의 무덤 중에 유일하게 이란에 있는 8대 이맘 레자의 무덤은 매년 1,200만 명의 순례자가 다녀가는 메카를 제외하고 가장 큰 순례지이다. 일반적으로 이란의 젊은 부부들은 결혼식 후에 신혼여행을 이맘 레자가 묻혀 있는 마샤드(Mashad)로 다녀오거나 다른 지역으로 신혼여행을 가기 전에 마샤드로 간다. 젊은 시아파 부부들은 축복된 결혼생활을 이맘 레자에게 빌고 레자를 통해 알라로부터 오는 복을 받으려 한다. 이란인들 사이에서 이맘을 통해 복을 받으려는 열기는 상상을 초월한다. 이란 시아파 무슬림들은 그들의 성지 마샤드가 영적인 축복의 장소에 위치해 있다고 믿고 있다. 그래서 이들은 현세와 내세의 축복을 위해 성지 마샤드에 묻히기를 원한다. 이미 마샤드의 땅은 구입할 수 없을 정도라고 한다.

이들은 알라가 특별히 이맘이 묻혀 있는 성지를 사랑해서 자주 모습을 보이며 그들의 외침에 더 잘 응답해준다고 믿고 있다. 이들은 이곳에서 자신들의 아픔을 치료받기를 원하고 그들의 소원이 응답되기를 간절히 기도한다.

실제 성지 안의 모스크에 들어가보면 무덤 주위를 돌면서 기도하는 사람들을 쉽게 볼 수 있으며 무덤 주위를 막아놓은 기둥에 입 맞추며 눈물을 흘리는 사람들을 볼 수 있다. 이곳에는 특별히 정해진 시간 외에도 자유롭게 와서 개인의 기도제목을 놓고 기도할 수 있다. 무덤을 보호하기 위해 주변에 만들어놓은 구조물 사이로 사람들이 돈을 집어넣고 기도해서 무덤 주변에는 돈이 수북이 쌓여 있다. 알라에게 기도하는 것을 이맘이 중보자, 중재자로서 도와줄 것이고 그에 대한 감사의 표시가 바로 무덤 주위에 쌓인 현금이다.

시아파 무슬림들의 이맘 가족 숭배는 이맘의 가족들에게 부탁을 하면 자신들의 기도를 더 잘 들어줄 것이라는 생각과 이맘의 가족들은 깨끗하고 순결한 사람이므로 알라가 더 기뻐하실 것이라는 생각에서 출발했다.

이맘은 일반 사람들과 구별되는 성결의 속성을 신으로부터 부여받았기에 신과 인간 사이에서 중재 역할을 할 수 있으며 이러한 성결함은 이맘의 직계가족들에게까지 영향을 미쳐서 다른 사람들보다 더 깨끗한 사람들이라고 인식되고 있다. 그래서 이들을 위해서 애도하면서 이들에게 기도를 할 때 그들이 신에게 중재를 하여 기도 응답이나 축복을 받게 된다는 민간신앙이 보편적으로 퍼져 있다.

현대 시아파의 분포

이슬람이라는 뿌리는 공유하고 있는 시아파와 수니파는 아라비아반도에서 함께 시작했다. 그러나 시아파 무슬림들이 바그다드, 다마스쿠스, 페르시아(이란) 등지에 수니파 이슬람의 박해를 피해 정착하면서 변방으로 퍼지기 시작했다. 10~11세기 압바시야 왕조에서 수니파 신학을 정립하면서 수니파 중심지에서 벗어나 더 변방인 시리아 남부 지역을 포함한 북아프리카 지역으로 더 멀리 퍼져 나간다. 이곳에서 시아파를 지탱하던 파티마 왕조와 함단 왕조가 몰락하면서 시아파의 중심지가 서쪽에서 이란과 인도를 중심으로 한 동쪽으로 이동하게 된다. 특히 이란은 오랫동안 축적된 페르시아의 문명과 문화의 특징을 시아파 이슬람 안에 녹아들게 하면서 시아파 이슬람을 좀 더 매력적인 종교로 만들었다.

현재 시아파 이슬람이 뿌리내리고 있는 여러 나라 중 가장 큰 나라는 단연 이란이다. 인구의 90퍼센트가 시아파 무슬림이다. 그 외에 인구의 65퍼센트가 시아파인 이라크, 70퍼센트 이상이 시아파 무슬림인 아제르바이잔이 있다.

남아시아 역시 많은 시아파 무슬림이 뿌리를 내리고 있다. 몽골족의 후손인 아프가니스탄 하자라 종족을 포함하여 펀잡, 벵갈, 구자라티 지역 사람들, 인도, 파키스탄 지역까지 광범위한 지역의 사람들이 시아파 이슬람을 믿고 있다. 시아파 역사에서는 이라크의 나자프와 카르발라가 중요하고 상징적인 도시지만 이란과 인도, 파키스탄 지역에 더 많은 시아파 무슬림들이 정착하여 살고 있다.

수세기에 걸친 시아파 무슬림들의 이주는 비단 남아시아에 국한된 것이 아니다. 18~19세기에는 이란의 지배를 받던 바레인과 페르시안 걸프만 지역으로, 그리고 무역을 위해 아프리카 지역으로 시아파 무슬림들이 퍼져 나가 정착하면서 시아파 이슬람의 아프리카 선교가 진행되었다. 20세기에는 아프리카 지역뿐만 아니라 유럽, 아메리카 등 산업화된 나라들로 이주해가기 시작하면서 더욱 많은 나라에 시아파 이슬람이 퍼지게 되었다.

이라크

　인구의 65퍼센트가 시아파 무슬림인 이라크는 오랫동안 수니파 정권 아래서 침묵하며 살아왔다. 이들에게 2003년 이라크 전쟁은 자신들의 존재 가치와 목소리를 낼 수 있는 절호의 기회였다. 그러나 시아파는 주도적 패권을 차지하지 못하고 여전히 수니파와 갈등하고 있다. 매년 수많은 사람이 시아파와 수니파의 갈등으로 희생되고 있으며 2014년 수니파 무슬림 무장단체인 IS(이슬람 국가Islamic State)가 모술 지역을 중심으로 이라크의 상당 부분을 차지하고 나라를 선포하면서 다시 양측의 갈등이 심화되고 있다.

　역사적으로 이라크는 시아파의 중심지였다. 시아파 생성 초기 1대 이맘 알리와 3대 이맘 후세인의 추종자들 대부분은 쿠파와 카르발라를 중심으로 이라크에서 활동했다. 우마이야 왕조 시기에 수도인 다마스쿠스에서 멀리 떨어진 이라크는 시아파 무슬림 활동지로 적격이었다. 그 후 많은 이맘들이 이라크에서 활동했고 이곳에서 죽었다. 알리가 묻혀 있는 나자프는 시아파의 고향과 같은 곳이고, 후세인이 죽은 카르발라는 시아파의 심장과 같다. 그리고 사마라, 카지마인, 쿠파 등등 수많은 지역이 시아파의 성지로 불리고 있다.

　16세기 이후로 이란에 시아파 국가 사파비 왕조가 수립

되면서 수니파 국가 오스만 터키 제국과 이라크를 차지하기 위한 전투가 끊이지 않았다. 결국 이라크는 18세기에 시아파의 중심지로 확고히 자리 잡게 된다. 더구나 18세기 초 이란 사파비 왕조의 붕괴는 당시 시아파의 종교적·학문적 중심지인 이란의 이스파한과 콤의 몰락을 가져온다. 그 후 몰락한 이란의 시아 중심 지역들을 대신하여 나자프의 역할이 커지게 된다. 이때부터 시아파 신학의 중심지로 수많은 신학교가 세워지고 위대한 신학자들이 각지에서 몰려온다.

그러나 이러한 우월적인 시아파 역사를 가졌음에도 불구하고 시아파의 리더들은 대부분 이란 출신이었다. 당시 최고의 신학교가 나자프에 위치해 있었으므로 많은 신학생들이 유학을 왔고 이들이 고위 성직자로 등극하였다. 1957년 통계에서는 나자프에서 공부하는 시아파 신학생의 20퍼센트만이 이라크인이고 46퍼센트가 이란인이었다.

종교 중심지로서 나자프의 위상은 1920년 영국의 위임통치가 시작되면서 흔들린다. 영국의 통치에 반대한 많은 시아파 성직자들이 이란의 콤으로 추방된다. 성직자들이 떠난 나자프의 신학적 위상은 약해지고 다시 콤이 시아파의 중심지로 떠오른다. 곧 파이잘 국왕이 정권을 잡고 입헌군주제를 선언하면서 시아파의 정치적 입지는 개선되지만 여전히 대다수의 시아파 무슬림은 수니파 정권 아래서 가난하고 불안정한 상태를 벗어나지 못했다.

두 차례의 세계 대전과 전후 불황 그리고 이라크 내의 정치적 불안정은 결국 1968년 바트(Baath)당의 쿠데타로 정리된다. 바트당의 권력 장악 이후에도 끊임없이 갈등을 야기하던 시아파에 대해서 사담 후세인은 당근과 채찍을 함께 사용한다.

일단 바트당에 대항하여 만든 시아파 과격단체인 다와(Dawa)당의 간부 5명을 1974년에, 8명을 1977년에 사형시킨다. 사담 후세인은 같은 해인 1977년 바그다드의 시아파 구역인 알 토우라(Al-Thowra) 지역의 시위도 강경 진압하였으며 나자프에서 진행하던 아슈라 이후 40일 행진도 탱크를 동원해 무력 진압하였다. 또 이라크에 살고 있던 시아파 이란인들을 추방하였다. 당시 이란에는 추방된 시아파 난민들만 7만 5,000명이 넘었다. 후세인은 이들이 수니파 아랍인들과 동화되기 힘든 민족임을 자각하였다. 더구나 1977년 이후에 카르발라에 대한 순례를 금지한 것은 시아파 무슬림들에게 참기 힘든 종교적 핍박이었다.

이런 핍박과 동시에 사용한 당근 정책은 재정적 지원이었다. 단, 정치에 관여하지 않는 시아파 성직자들에만 국한되었다. 이들에게는 사원과 이맘들 무덤의 유지보수 명목으로 거액을 지원하였다. 재정적 지원에 대한 대가로 이들에게 예배 설교 시 후세인 자신이 무함마드와 이맘 후세인의 자손임을 가르칠 것을 강요하였다.

이러한 차별과 핍박에도 불구하고 이라크 시아파 무슬림들은 국가 위기 시에 정부에 충성을 다했다. 1980년부터 지속된 8년간의 이란-이라크 전쟁에서도 시아파 국가인 이란을 상대로 이라크군의 3분의 2 이상이 시아파 군인이었을 정도로 나라에 충성을 다했다. 이러한 충성에 대한 배려로 전쟁 직후 후세인은 국가최고결정기구인 혁명위원회의 8석 중 3석을 시아파에 배정했다. 나머지 5석 중 3석이 수니파 그리고 기독교, 쿠르드족에 1석씩 배정하여 민족 간, 종교 간 갈등을 최소화하려고 노력했다.

그러나 1991년 걸프 전쟁이 끝나고 일어난 남부 시아파의 반정부 시위는 후세인의 마음을 바꿔놓았다. 그는 이 시위를 강력하게 진압하고 시아파 무슬림들을 정권의 강력한 위협세력으로 생각하고 경제적 압박과 차별은 물론이고 지도자 암살도 서슴지 않았다. 통계에 의하면 이라크 붕괴 이전의 10년간 사망한 시아파 무슬림들이 20만 명이 넘을 정도이다.

2003년 이라크 전쟁 이후 미국의 의도와는 다르게 이라크는 혼돈 속으로 빠져들고 말았다. 아랍족과 쿠르드족 사이의 민족문제와 시아파와 수니파의 종교문제로 쉽게 평화가

올 것 같지 않다. 오랫동안 소수파로 정치적·경제적·사회적 차별을 받아온 시아파 무슬림들의 변화를 향한 갈망이 쉽게 가라앉지 않고 있다. 게다가 늘 우월적 지위를 누려온 수니파의 권력 포기도 쉽지 않다.

사담 후세인 정권이 붕괴한 2003년 이후 10년이 넘는 갈등 속에서 결국 소수파 수니파 무슬림 중 일부가 IS에 합류하고 모술을 중심으로 이슬람 국가를 세움으로써 양측의 갈등의 골이 더욱 깊어지고 있다. 1,400년을 이어온 시아파와 수니파의 갈등이 이라크에서도 계속되고 있다.

레바논

레바논은 중동 아랍 국가 중에 유일하게 이슬람을 국교로 택하지 않은 나라이다. 20세기 초 프랑스가 기독교인들이 상대적으로 많던 지역을 시리아와 분리하여 독립시킨 곳이 레바논이다. 현재까지 레바논은 '종교의 박물관'이라고 불리며 18개 이상의 다양한 종교의 종파들이 자유롭게 활동하고 있다. 현재 이슬람을 믿는 인구가 60퍼센트로 기독교 인구를 앞질렀다.

예부터 레바논 산악지대는 험준하여 여러 종교의 소수파

들이 박해를 피해 숨어들었다. 그 후손들이 아직까지 남아 있어 여러 종교의 종파들이 다양하게 존재하고 있다. 시아파 무슬림들도 예외는 아니어서 수니파의 박해를 피해 앞에서 언급한 자발아밀(Jabal Amil)산 인근에 많이 정착했다. 이들은 핍박을 피해 자신의 정체를 숨기고 살았지만 더욱 이들을 움츠러들게 만든 것은 오스만 제국의 끊임없는 침입과 박해였다. 특히 18세기 '학살자(The Butcher)'란 별명을 가졌던 아흐마드 파샤 알 자자르(Ahmad Pasha al-Jazzar)는 시아파에 대한 적개심이 심하여 시아파 무슬림들의 몰살에 앞장섰다. 상황이 이렇다 보니 시아파 무슬림들은 더욱 타키야를 사용하여 사회에서 자신의 정체를 감추었다. 이러한 탄압과 박해는 레바논이 자치권을 획득하고 독립을 하는 20세기 초까지 지속되었다.

독립 이후에도 시아파 무슬림들의 대부분은 시골의 하층민으로 살았으며 교육의 혜택을 받지 못하였다. 몇몇 교육을 받은 젊은 레바논 시아파 무슬림들은 공산주의에 심취하거나 사회주의 바트당에 가입하여 사회 변화를 도모하였다. 시골의 하층민들도 생계를 위해 시골을 떠나 대도시 베이루트로 몰려들었다.

방황하는 시아파 무슬림들을 하나로 결집시킨 것이 성직자 무사 사드르(Musa Sadr)의 등장이다. 무사 사드르는 당시 시아파 신학의 중심지였던 이라크 나자프에서 공부하고 돌아와 무기력한 시아파 공동체에 새로운 활력을 불어넣었다. 무사 사드르는 1928년 이란의 콤에서 출생했지만 레바논 성직자 가문의 후예이다. 그는 나자프에서 시아파의 최고 성직자들에게 배움을 얻고 수많은 교우들과 연을 맺는다. 후에 이들 대부분은 이란 이슬람 혁명의 중심인물이 된다. 그는 레바논으로 돌아와 낙심하고 패배의식에 사로잡힌 시아파 무슬림들을 독려한다. 그는 열린 사고와 대승적 기질로 누구와도 자유롭게 이야기를 나누었으며 교회에서도 설교를 할 정도로 유연한 사고로 시아파 사회를 이끈다.

그는 1969년에 '레바논 시아파 협의회(The Lebanese Shiite Islamic Higher Council)'를 창설하고 초대 회장에 올랐으며 1974년에는 소외계층을 위한 '저소득층 운동(The Movement of the Deprived)'을 주도적으로 창립하여 진행한다. 이후 그는 팔레스타인을 위한 무장 투쟁에도 나선다. 그는 이상주의적인 간디가 아니라 행동주의적인 호메이니를 따르며 팔레스타인 독립 투쟁을 진행하던 1978년 홀연히 리비아에서 사라진다. 그의 실종에 대해서 여러 논란이 있지만 아직도 풀리지 않고 있다.

그가 사라진 이후에 이란에서 시아파 이슬람 혁명이 성공하면서 레바논에까지 이란 혁명의 기운이 불어온다. 여기에

1982년 이스라엘이 팔레스타인 문제로 레바논을 침공하면서 시아파 무슬림들의 혁명을 위한 무장화는 가속화된다. 지하드 알 이슬라미(Jihad al-Islami) 같은 단체는 테러를 주요 활동 수단으로 사용하게 된다. 구체적인 물증을 국제사회가 가지고 있지 않지만 이들의 배후에 이란이 있음은 모두가 수긍하고 있다. 이러한 일련의 사건들로 시아파 이슬람이 극단적이고 테러와 밀접하다는 인상을 갖기 시작한다.

이란 시아파의 영향이 가장 크게 미친 곳은 '신의 당'이라는 뜻의 헤즈볼라(Hezbollah)라는 단체이다. 테헤란에 본부를 두고 있는 단체로 레바논에서도 많은 성직자들과 군인들이 참여하여 1985년 창설되었다. 1982년 레바논 전쟁에서 호메이니의 지지자들로 구성된 민병대에 그 뿌리를 두고 있는 이 단체는 테헤란 본부와 같은 반미와 성지 팔레스타인에서 이스라엘의 시오니즘을 몰아내려는 목표를 갖고 있다. 또한 레바논에서 마론파 기독교의 통치에 동의하지 않으며 무슬림들에 의해 샤리아(Shariah: 이슬람 법)로 다스리는 이란과 같은 나라 창설을 주장했다.

이들은 이란과 시리아의 시아파 무슬림들에게 재정적인 지원을 받고 있으며 특히 이란의 절대적인 후원을 받고 있다. 이들은 초기 무장 투쟁을 목표로 했던 것과는 별개로 병원, 학교, 농장 등을 건설하여 사회활동도 활발하게 진행하고 있다. 또한 라디오와 텔레비전 등 스스로의 언론매체를 보유하고 선전활동에도 열심을 내고 있으며 정계에도 진출하여 실제 정치에 참여하는 정당으로 성장하였다. 현재 레바논에서 시아파 무슬림들의 절대적인 지지뿐만 아니라 많은 이들의 폭넓은 지지를 받고 있다.

사우디아라비아

페르시아만(Persian Gulf)을 끼고 있는 아라비아반도에서는 그 수의 많고 적음을 떠나서 시아파 무슬림들이 아직도 수니파 무슬림들에게 차별을 받으며 살아가고 있다. 소수파인 사우디아라비아에서도 다수파를 차지하고 있는 바레인에서도 이들의 차별은 다르지 않다. 이슬람 종주국이라는 사우디아라비아에는 10퍼센트 이상의 시아파 무슬림(열두 이맘파)들이 존재한다. 이들은 페르시아만 중심으로 거주하고 있으며 이 지역은 석유 생산의 중심지이다. 이들 중에는 석유 생산지라는 지역적 이점을 가지고 부를 축적한 사람들도 있지만 대다수의 시아파 무슬림들은 사우디아라비아 내에서 정치적·사회적 차별을 받으며 살고 있다. 대부분이 사회·경제적 하급계층을 차지하고 있다. 이들은 사우디아라비아 공직

사회로의 진출도 제한받고 있다. 고위 공직자는 꿈도 꿀 수 없다. 군인과 경찰이 되기도 어렵고, 국왕 친위대나 방위군으로 복무는 원천적으로 금지되었다. 다만 앞에서 페르시아만 인근에서 석유 생산이 활발해지면서 국영 석유회사에 취직하는 자들 정도가 경제적으로 여유를 누릴 수 있다.

사우디아라비아는 와하비즘(Wahabism)이라는 근본주의 수니파 전통을 추구하는 이슬람을 신봉하고 있다. 사우디아라비아의 모스크는 시아파 모스크와 완전히 다르다. 미너렛(minaret: 모스크의 일부를 이루는 첨탑으로 예배를 알리는 아잔adhan 소리가 울려 퍼지는 장소)도 없고 시아파 모스크의 특징인 이맘이나 이맘 가족들의 무덤도 없다. 와하비(Wahabi: 와하비즘을 신봉하는 무슬림)들은 왕이든 가난한 거지든 신분, 귀천에 상관없이 죽은 자의 무덤에 비석 하나 세우지 않는다. 이들의 눈에는 무함마드의 혈통이라는 이맘들과 그들 가족들의 무덤을 만들고 주기적으로 순례하며 기도하는 시아파 무슬림들이 이교도와 다를 바 없다. 사우디아라비아 메디나에는 무함마드와 그의 가족들의 무덤들이 많이 있다. 그래서 그 지역을 순례하는 시아파 무슬림들과 사우디아라비아 정부의 갈등이 끊이지 않고 있다.

1979년 이란의 시아파 이슬람 혁명 이후 호메이니가 시아파 혁명정신 수출을 천명하면서 사우디아라바이의 시아파 무슬림에 대한 감시가 강화되었다. 이란 시아파 성직자들은 사우디 왕가를 타락한 왕정으로, 그들의 통치이론인 와하비즘을 이단으로 규정하고 사우디를 이슬람 성지인 메카와 메디나를 불법 점유한 국가로 선전하였다. 사우디와 이란의 갈등은 수니파와 시아파라는 뿌리 깊은 갈등에서 파생하여 지속되고 있다.

사우디 정부의 조직적인 박해는 최근까지 이어지고 있으며 2016년 사우디의 저명한 시아 성직자 셰이크 니므르를 반정부 테러 혐의로 사형에 처하기도 했다.

아프가니스탄

아프가니스탄 시아파 무슬림은 전체 무슬림 인구 중에 15~20퍼센트 정도이고 하자라족이 대다수를 차지하고 있다. 하자라족은 페르시아어를 구사하는 몽골계 소수민족으로 봉건적 사회구조를 가지고 있다. 미르(Mir) 혹은 아르밥(Arbab)이라고 불리는 지방 호족들이 이들을 다스렸으며 지금도 이러한 지방 귀족들이 큰 힘을 가지고 있다. 이들 외에는 사예드(Sayyed: 무함마드의 후손)라는 자들이 아랍인이라는 특권을 가지고 종교지도자인 이맘이나 셰이크(Sheikh)가 되어 권력을 누리고 있다.

아프가니스탄에서도 시아파 무슬림들은 핍박과 차별의 역사 속에서 살아왔다. 소수파로서 정치적·사회적 차별뿐만 아니라 종교적으로 모스크조차 없을 정도로 핍박을 받아왔다. 특히 19세기 말에 일어난 탄압은 아직도 이들 가슴속에서 지워지지 않고 있다. 당시 카불 지역 부족장인 압돌라흐만(Abdorrahman)은 시아파 무슬림들은 무슬림이 아니라 이교도라는 파트와(Fatwa: 최고 성직자가 내리는 포고령)를 기초로 시아파 무슬림들에 대한 대대적인 탄압을 행했다. 만 2년간(1891~1893) 지속된 학살과 약탈은 많은 시아파 무슬림들을 수니파로 개종시켰고 대다수의 하자라족은 결국 핍박을 견디지 못하고 아프가니스탄 인근의 인도와 이란 등지로 피난을 떠났다.

1900년대에 들어서면서 젊은 시아파 무슬림들은 현대화된 고등교육을 통해 자신들에 대한 종교적·인종적 차별을 고민하다가 사회주의운동이나 민족주의운동에 헌신했다. 이들은 1979년 이전까지는 이란의 샤(Shah)의 지원을 받다가 이슬람 혁명 성공 후에는 호메이니의 지원을 받았다.

많은 시아파 무슬림들은 아프가니스탄 중서부의 산악지대에 위치하고 있는 하자자라트(Hazajarat)를 중심으로 거주했으며 마샤드와 콤에서 공부하고 온 신학생들과 몰라

(Mollah: 성직자)들을 중심으로 공동체를 견고히 만들었다.

1979년 아프가니스탄을 소련이 지배하면서 공산주의 확산에 위협을 느낀 미국의 군사력과 종교적 열정을 가진 사우디아라비아와 파키스탄의 자금력으로 무장한 수니파 무슬림들이 소련에 대한 저항운동을 시작했다. 같은 시기에 시아파 무슬림들도 이란의 지원을 등에 업고 저항운동을 했지만 이란-이라크 전쟁(1980~1988)을 치르고 있던 이란의 지원은 충분하지 못했다.

1988년 소련의 철수가 시작되면서 아프가니스탄은 군사력으로 무장한 지방 봉건 영주들의 군웅할거(群雄割據) 시대에 접어든다. 이 혼란한 정국을 타개하고자 1994년 탈레반(수니파 이슬람 신학생)들이 연합하여 무장세력화하기 시작한다. 1996년 이들은 아프가니스탄의 90퍼센트 이상을 차지할 정도로 막강한 영향력을 갖게 된다. 이들은 근본주의 수니파 이슬람을 신봉하고 있는 신학생들로 많은 시아파 무슬림을 학살했고 심지어 1998년에는 마자르샤리프(Majar-sharif)에 있던 시아파 이란 대사관의 외교관들을 살해하기까지 했다.

2001년 9·11 테러 이후에 벌어진 미국의 아프가니스탄 전쟁은 근본부의 수니파 탈레반 세력을 몰아냈다. 그러나 이들이 물러간 후 또다시 아프가니스탄은 종족적·종파적 갈등 속에 빠져버렸다. 수니파의 대표적 부족인 파슈툰족과 시아파 하자라족의 갈등이 끝나지 않고 있다. 더구나 탈레반이 세력을 회복하고 아프가니스탄 내의 영향력을 유지하고 있어 아프가니스탄의 미래는 예측불가다. 이러한 상황 속에서 소수파인 시아파 무슬림들에 대한 차별은 여전하다.

시아파의 성지

나자프

이라크 중부의 쿠파 근방에 있는 나자프(Najaf)는 바그다드 남쪽 190킬로미터에 위치하고 있으며 동쪽으로는 유프라테스강이 흐르는 아름다운 도시이다. 이 도시는 무함마드의 사촌이며 사위인 알리의 무덤 인근에 791년 하룬 알-라시드에 의해 세워졌다. 알리는 4대 정통 칼리프이자 시아 이슬람의 첫 번째 이맘으로 시아 이슬람에서 매우 중요한 인물이다. 시아 이슬람의 초대 이맘인 알리의 무덤이 있다는 사실만으로 나자프는 오랫동안 시아 이슬람 제1의 성지 역할을 수행

해왔으며 매년 수많은 사람들의 순례가 끊이지 않고 있다.

카르발라

시아파 3대 이맘 후세인의 순교로 유명한 도시, 카르발라 (Karbala)는 이라크의 수도 바그다드 남부 88킬로미터에 위치하고 있다. 이 도시는 이라크의 남부 사막과 중부 경작지의 경계에 위치하고 있다. 680년 3대 이맘인 후세인과 그의 가족, 추종자 72명이 우마이야 왕조의 야지드 군대에게 살해당해 묻힌 사건으로 인해 '아슈라'라는 절기가 생겨났으며 매년 이 절기 때마다 수백만의 시아 무슬림들이 이 사건을 애도하며 카르발라로 순례를 오고 있다. 이들의 무덤을 중심으로 세워진 모스크가 도시의 중심부가 되었다.

카지마인

이라크의 수도 바그다드에 속한 행정구역 중 하나인 카지마인(Kazimayn)은 무함마드의 가문인 쿠라이시 부족 소유지였다. 그러나 시아 이슬람의 7대 이맘인 무사 알 카짐과 9대 이맘인 무함마드 알 자와드가 순교한 후 이곳에 묻히면서 사람들이 모여들기 시작하였다. 이들을 추종하던 시아파 무슬림들의 방문이 잦아지기 시작하였고 점차 무덤 주위로 도시가 형성되기 시작하여 현재에 이르렀다. 지금도 이곳의 모스크에는 이슬람 신학생들이 거처하고 있는 기숙사와 신학교가 있다.

사마라

기원전 5,000년 전부터 사람이 살기 시작한 흔적이 있는 고대도시 사마라(Samarra)는 3세기 이후 도시 건설이 본격화되었다. 이라크 바그다드 북부 100킬로미터 정도에 위치한 사마라는 한때 압바시야 왕조의 수도이기도 했다.

사마라는 시아파 무슬림들에게 굉장히 성스러운 도시로 10대 이맘인 알리 알 나키와 11대 이맘 하산 알 아스카리가 순교하여 묻힌 곳이다. 이들의 무덤만으로도 성스러운 도시지만 마지막 구원자로 나타날 열두 번째 이맘 마흐디가 은폐에 들어가기 전까지 살았던 도시이자 사라진 곳이다.

마샤드

마샤드(Mashhad)는 이란에서 유일하게 이맘의 무덤이 있는 도시로 매해 천만 명이 넘는 무슬림이 순례하는 성지이다. 이란의 북동쪽에 위치하고 있으며 818년에 순교한 8대 이맘인 알리 알 레자의 무덤이 있다. 15세기 티무르 왕조 시대부터 발전하기 시작한 마샤드는 16세기 이란에 시아파 왕조인 사파비 왕조가 들어서면서 급속히 발전하기 시작하였다. 사파비 이후에 세워진 아프샤르 왕조(Afsharid dynasty)의 창건자 나데르 샤(Nader Shah)는 마샤드를 자신의 왕조 수도로 정하기까지 하였다. 지금 현재도 이란에서 제1의 성지로 불리고 있으며 수많은 신학교가 있고 절기마다 순례객이 끊이지 않는 도시이다.

콤

이란의 수도 테헤란 남쪽 147킬로미터에 위치하고 있는 도시 콤(Qom)은 현재 시아파 이슬람의 영적 중심지이다. 1979년 이슬람 혁명을 이끈 호메이니가 수학하고 학문을 가르쳤던 도시로 혁명 이후에 더욱 이슬람 교육의 중심지로 변모해갔다. 현재도 수십만 명의 신학생들과 200여 개가 넘는 이슬람 연구소가 존재하고 있으며 이란 신학생의 90퍼센트를 배출하는 시아 이슬람 신학의 중심지이다.

콤은 이슬람 시작과 함께 시아파 무슬림들의 교육 중심지 역할을 해왔다. 당대 최고의 시아파 학자인 알둘라 사드 알아샤리(Abdullah Sad al-Ashari)가 쿠파에서 콤으로 이주해오면서 그와 그의 후손들이 이곳의 영적·학문적 분위기를 형성했다. 후에 8대 이맘 레자의 친구인 이브라힘 하심(Ibrahim b. Hashim)과 그의 제자들이 이곳에 정착하면서 이슬람학 특히 하디스 연구의 중심지로 발전시켰다.

이 도시를 신성한 순례지로 만든 것은 8대 이맘의 여동생인 파티마의 무덤이 있는 모스크이다. 파티마는 오빠 8대 이맘 레자를 만나기 위해 메디나에서 현재 투르크메니스탄의 메르브(Merv) 지역으로 여행을 하던 중 병에 걸렸다. 그는 콤으로 자신을 옮겨줄 것을 친구들에게 부탁을 하고 결국 콤에서 죽어 묻히게 된다. 이후 이 무덤을 수많은 시아파 무슬림들이 찾아오면서 모스크가 생기게 되고 마침내 17세기에는 돔에 황금을 입힌 파티마 모스크가 세워졌다.

콤을 신성하게 만드는 또 하나는 잠카란(Jamkaran) 사원이다. 콤 외곽에 위치한 이 사원은 1015년 하산 이븐 무틀리 잠카라니(Hassan ibn Muthlih Jamkarani)라는 사람이 열두 번째 이맘의 명령에 따라 라마단 기간에 지은 사원으로 알려져 있다. 매주 화요일과 목요일 밤에는 수많은 순례객들이 모이는 기도회가 열리고 많은 사람들의 병이 낫는 것으로 유명해졌다.

시아 이슬람의 주요 성지는 이맘의 죽음과 그의 무덤을 중심으로 발전했다. 시아파 무슬림 대부분이 이란을 중심으로 남부 이라크와 아제르바이잔에 분포하고 있는 것을 보아 대부분의 성지가 이곳에 집중되어 있음은 어찌 보면 당연하다. 또한 과거 시아파의 주요 근거지가 이라크의 쿠파를 중심으로 한 지역임을 감안하면 이해하기 한결 쉬워진다. 시아파 무슬림들이 순례 중에 일어나는 수많은 사고들로 목숨을 잃으면서도 매년 끊임없이 성지순례하는 것을 보면 이들의 성지에 대한 사모함과 이맘들에 대한 사랑과 애도는 시아파 이슬람을 지탱하고 이끌어가는 힘의 근원임이 분명하다.

마치며

시아파 이슬람을 연구하면서 이란을 빼놓고 이야기할 수가 없다. 이란을 연구하면서 시아파 이슬람도 빼놓을 수가 없다. 둘의 관계는 떼려야 뗄 수 없는 관계이다 보니 당연히 시아파 이슬람을 소개하는 이 책의 많은 부분이 이란과 연계된 이야기로 채워져 있다.

중동을 연구하고 이란에 대한 관심과 사랑을 가지고 있는 연구자로서 왜 역사적으로 페르시아 문명이 지배한 지역에서 유독 시아파 이슬람이 지지를 받았으며 발전했는지 궁금증을 갖지 않을 수 없다. 더욱이 이슬람 분포도를 살펴보면 조로아스터교를 국교로 정했던 사산조 페르시아 제국의 중심 지역인 이란과 그 영향권에 있던 이라크, 아제르바이잔, 아프가니스탄 지역에 시아파 무슬림 대부분이 분포되어 있다. 우연의 일치라고 하기에는 많은 부분에서 페르시아 문명과 조로아스터교의 종교적 특징들이 시아파 이슬람의 정치적·종교적·문화적 특징에 영향을 주었다. 서구의 학자들 중에는 시아 이슬람을 페르시아 이슬람으로 부르는 사람이 있을 정도이다. 특히 사산조 페르시아의 국교였던 조로아스터교와 시아파 이슬람의 관계 연구는 앞으로 풀어나갈 흥미로운 주제임이 틀림없다.

이 책에서 시아파 이슬람은 이슬람 세계에서 소수파임을 여러 번 강조했다. 분명 전체 이슬람 인구의 10~15퍼센트 정도밖에 되지 않지만 중동의 주요 이슈들은 시아파 이슬람과 연관되어 있다. 특히 2015년 이란과 국제사회의 핵협상이 타결되고, 2016년 이란에 대한 경제제재가 해제되면서 이란은 국제 무대에 화려하게 돌아왔다. 국제사회에 복귀한 이란은 중동 지역의 맹주로서 빠르게 영향력을 회복하고 있다. 이는 역내 시아파 영향력 확대와 직결되어 있다. 중동문제를 이해하고 앞으로 중동과 전 세계에 일어날 일들을 예측하기 위해서는 시아파 이슬람에 대한 연구가 선행되어야 한다. 이슬람과 중동 연구에 관심을 갖기 시작한 우리나라도 이슬람의 중요한 한 축이자 새로운 세력으로 등장하고 있는 시아파 교리와 시아파 무슬림들에 삶에 대한 연구가 함께 이루어져야 한다. 이 책은 시아파 이슬람을 이해하는 입문서 이자 개관서이다. 한국에서도 많은 연구자들이 시아파 이슬람을 심도 깊게 연구하고 그 연구물들이 대중에게 쉽게 소개되는 날이 속히 오기를 기대한다.

참고문헌

Arzina R. Lalani, *Early Shi'i Thought: The Teachings of Imam Muhammad al-Baqir*, London: I.B.Tauris, 2000.

Mohammad A. Shomali, *Shi'i Islam: Origins, Faith & Practices*, London: ICAS Press, 2003.

Richard C. Foltz, *Spirituality in the Land of the Noble: How Iran Shaped* the *World's Religions*, Oxford: Oneworld Publications, 2004.

Seyyed Hosein Nasr, *Islam: Religion, History, and Civilization*, NewYork: HarperOne, 2003.

Vali Nasr, *The Shia Revival: How Conflicts within Islam will shape the Future*, NewYork: W.W.Norton & Company, 2007.

시아 이슬람

펴낸날	**초판 1쇄 2017년 2월 15일**

지은이	**유흥태**
펴낸이	**심만수**
펴낸곳	**(주)살림출판사**
출판등록	**1989년 11월 1일 제9-210호**

주소	**경기도 파주시 광인사길 30**
전화	**031-955-1350 팩스 031-624-1356**
홈페이지	**http://www.sallimbooks.com**
이메일	**book@sallimbooks.com**

ISBN	**978-89-522-3589-3 04080**
	978-89-522-0096-9 04080 (세트)

※ 값은 뒤표지에 있습니다.
※ 잘못 만들어진 책은 구입하신 서점에서 바꾸어 드립니다.

이 도서의 국립중앙도서관 출판시도서목록(CIP)은 서지정보유통지원시스템 홈페이지
(http://seoji.nl.go.kr)와 국가자료공동목록시스템(http://www.nl.go.kr/kolisnet)에서
이용하실 수 있습니다.(CIP제어번호: CIP2017002401)

책임편집·교정교열 **성한경·정한나**

384 삼위일체론

eBook

유해무(고려신학대학교 교수)

기독교에서 믿는 하나님은 어떤 존재일까? 성부 하나님과 성자 예수, 그리고 성령이 계시며, 이분들이 한 하나님임을 이야기하는 삼위일체론은 기독교 교회가 믿고 고백하는 핵심 교리다. 신구약 성경에 이 교리가 어떻게 나타나 있으며, 초기 기독교 교회의 예배와 의식에서 어떻게 구현되었고, 2천 년 동안의 교회 역사를 통해 어떤 도전과 변화를 겪으며 정식화되었는지를 일목요연하게 정리했다.

315 달마와 그 제자들

eBook

우봉규(소설가)

동아시아 불교의 특징은 선(禪)이다. 그리고 선 전통의 터를 닦은 이가 달마와 그에서 이어지는 여섯 조사들이다. 이 책은 달마, 혜가, 승찬, 도신, 홍인, 혜능으로 이어지는 선승들의 이야기를 통해 선불교의 기본사상을 이해하도록 돕는다.

041 한국교회의 역사

eBook

서정민(연세대 신학과 교수)

국내 전체인구의 25%를 점하고 있는 기독교. 하지만 우리는 한국 기독교의 역사에 대해서 너무나 무지하다. 이 책은 한국에 기독교가 처음 소개되던 당시의 수용과 갈등의 역사, 일제의 점령과 3·1운동 그리고 6·25 전쟁 등 굵직굵직한 한국사에서의 기독교의 역할과 저항, 한국 기독교가 분열되고 성장해 왔던 과정 등을 소개한다.

067 현대 신학 이야기

eBook

박만(부산장신대 신학과 교수)

이 책은 현대 신학의 대표적인 학자들과 최근의 신학계의 흐름을 해설한다. 20세기 전반기의 대표적인 신학자인 칼 바르트와 폴 틸리히, 디트리히 본회퍼, 그리고 현대 신학의 중요한 흐름인 해방신학과 과정신학 및 생태계 신학 등이 지닌 의미와 한계가 무엇인지를 친절하게 소개하고 있다.

종교 · 신화 · 인류학

099 아브라함의 종교 유대교|기독교|이슬람교 `eBook`

공일주(요르단대 현대언어과 교수)

이 책은 유대교, 이슬람교, 기독교가 아브라함이라는 동일한 뿌리에서 갈라져 나왔다는 점에 주목한다. 저자는 이를 추적함으로써 각각의 종교를 그리고 그 종교에서 나온 정치적, 역사적 흐름을 설명한다. 이스라엘과 팔레스타인으로 대변되는 다툼의 중심에는 신이 아브라함에게 그 땅을 주겠다는 약속이 있음을 명쾌하게 밝히고 있다.

221 종교개혁 이야기 `eBook`

이성덕(배재대 복지신학과 교수)

종교개혁은 단지 교회사적인 사건이 아닌, 유럽의 종교 · 사회 · 정치적 지형도를 바꾸어 놓은 사건이다. 이 책은 16세기 극렬한 투쟁 속에서 생겨난 개신교와 로마 카톨릭 간의 분열을 그 당시 치열한 삶을 살았던 개혁가들의 투쟁을 통해 보여 주고 있다. 마르틴 루터, 츠빙글리, 칼빈으로 이어지는 종파적 대립과 종교전쟁의 역사들이 한 편의 소설처럼 펼쳐진다.

263 기독교의 교파

남병두(침례신학대학교 교수)

하나의 교회가 역사적으로 어떻게 다양한 교파로 발전해왔는지를 한눈에 보여주는 책. 교회의 시작과 이단의 출현, 신앙 논쟁이 이를 둘러싼 갈등 등이 파노라마처럼 펼쳐진다. 사도행전에 나타난 교회의 시작과 이단의 출현에서부터 초기 교회의 분열, 로마가톨릭과 동방정교회의 분열, 16세기 종교개혁을 지나 18세기의 감리교와 성결운동까지 두루 살펴본다.

386 금강경

곽철환(동국대 인도철학과 졸업)

『금강경』은 대한불교조계종이 근본 경전으로 삼는 소의경전(所依經典)이다. 『금강경』의 핵심은 지혜의 완성이다. 즉 마음에 각인된 고착 관념이 허물어져 어디에도 집착하지 않는 상태를 말한다. 이 책은 구마라집의 『금강반야바라밀경』을 저본으로 삼아 해설했으며, 기존 번역의 문제점까지 일일이 지적해 독자들의 이해를 돕고자 했다.

013 인도신화의 계보　eBook

류경희(서울대 강사)

살아 있는 신화의 보고인 인도 신들의 계보와 특성, 신화 속에 담긴 사상과 가치관, 인도인의 세계관을 쉽게 설명한 책. 우주와 인간의 관계에 대한 일원론적 이해, 우주와 인간 삶의 순환적 시간관, 사회와 우주의 유기적 질서체계를 유지하려는 경향과 생태주의적 삶의 태도 등이 소개된다.

309 인도 불교사 붓다에서 암베드카르까지　eBook

김미숙(동국대 강사)

가우타마 붓다와 그로부터 시작된 인도 불교의 역사를 흥미롭고도 일목요연하게 정리한 책. 붓다가 출가해서, 그를 따르는 무리들이 생겨나고, 붓다가 생애를 마친 후 그 말씀을 보존하기 위해 경전을 만드는 등의 이야기들이 한눈에 들어온다. 또한 최근 인도에서 다시 불고 있는 불교의 바람에 대해 소개한다.

281 예수가 상상한 그리스도

김호경(서울장신대학교 교수)

예수가 그리스도라는 것은 어떤 의미인가? 이 책은 신앙적 고백과 백과사전적 지식 사이에서 현재 예수 그리스도가 가진 의미를 묻고 있다. 저자는 이러한 문제의식을 바탕으로 예수가 보여준 질서와 가치가 우리와 얼마나 다른지, 그를 따르는 것이 왜 우리에게 익숙하지 않은 일인지를 보여주고 있다.

346 왜 그 음식은 먹지 않을까　eBook

정한진(창원전문대 식품조리과 교수)

세계에는 수많은 금기음식들이 있다. 유대인과 이슬람교도들은 돼지고기를 먹지 않고, 힌두교도의 대부분은 소고기를 먹지 않는다. 개고기 식용에 관해서도 말들이 많다. 그들은 왜 그 음식들을 먹지 않는 것일까? 음식 금기 현상에 접근하는 다양한 방식을 통해 그 유래와 문화적 배경을 살펴보자.

eBook 표시가 되어있는 도서는 전자책으로 구매가 가능합니다.

(주)살림출판사
www.sallimbooks.com
주소 경기도 파주시 문발동 522-1 | 전화 031-955-1350 | 팩스 031-955-1355